RACONTE-MOI

LES NORDIQUES

La collection Raconte-moi *est une idée originale*
de Louise Gaudreault et de Réjean Tremblay.

Éditrice-conseil : Louise Gaudreault
Coach d'écriture : Réjean Tremblay
Coordination éditoriale : Pascale Mongeon
Direction artistique : Roxane Vaillant
Illustrations : Simon Dupuis
Design graphique : Christine Hébert
Infographie : Chantal Landry
Correction : Sylvie Massariol

DISTRIBUTEUR EXCLUSIF :

Pour le Canada et les États-Unis :
MESSAGERIES ADP inc.*
2315, rue de la Province
Longueuil, Québec J4G 1G4
Téléphone : 450-640-1237
Télécopieur : 450-674-6237
Internet : www.messageries-adp.com
* filiale du Groupe Sogides inc.,
  filiale de Québecor Média inc.

Catalogage avant publication de Bibliothèque et
Archives nationales du Québec et Bibliothèque et
Archives Canada

Ladouceur, Albert

  Les Nordiques

  (Raconte-moi)
  Pour les jeunes.

  ISBN 978-2-924025-95-6

  1. Nordiques de Québec (Équipe de hockey)
- Histoire - Ouvrages pour la jeunesse. 2. Hockey
- Clubs - Québec (Province) - Québec - Histoire -
Ouvrages pour la jeunesse. I. Clairoux, Benoît.
II. Titre.

GV848.N67L32 2015   j796.962'6409714471
C2015-940540-8

10-15

Imprimé au Canada

© 2015, Les Éditions Petit Homme,
division du Groupe Sogides inc.,
filiale de Québecor Média inc.
(Montréal, Québec)

Tous droits réservés

Dépôt légal : 2015
Bibliothèque et Archives nationales
du Québec

ISBN 978-2-924025-95-6

Gouvernement du Québec – Programme de crédit
d'impôt pour l'édition de livres – Gestion SODEC –
www.sodec.gouv.qc.ca

L'Éditeur bénéficie du soutien de la Société de
développement des entreprises culturelles du

 **Conseil des Arts   Canada Council
du Canada   for the Arts**

Nous remercions le Conseil des Arts du Canada de
l'aide accordée à notre programme de publication.

Nous reconnaissons l'aide financière du
gouvernement du Canada par l'entremise du Fonds
du livre du Canada pour nos activités d'édition.

Albert Ladouceur
Avec la collaboration de Benoît Clairoux

RACONTE-MOI
LES NORDIQUES

petit homme
Une société de Québecor Média

PRÉAMBULE

De 1979 à 1995, une jeune équipe de la Ligue nationale de hockey (LNH) a conquis le cœur de milliers d'amateurs de hockey du Québec. Elle s'appelait « les Nordiques de Québec ».

Avant son arrivée, le Canadien de Montréal était la seule équipe à représenter la province de Québec dans le meilleur circuit de hockey du monde.

Les Nordiques sont nés dans une ligue appelée l'Association mondiale de hockey (AMH). Dès leur entrée dans la LNH, une grande rivalité les a opposés au Canadien de Montréal. Cette rivalité, encore inégalée à ce jour, était même plus forte que celle qui existe aujourd'hui entre le Tricolore et les Bruins de Boston.

Chacune des parties opposant les Rouges (le Canadien) et les Bleus (les Nordiques) soulevait beaucoup d'enthousiasme le jour du match, mais également durant les jours précédant et suivant la rencontre.

Des partisans ont délaissé le Canadien. Malgré la fidélité qu'ils lui vouaient depuis des années, ils se sont rangés dans le camp des Fleurdelisés (une autre façon d'appeler les Nordiques). D'autres supporters, même s'ils habitaient à Québec, ont refusé d'abandonner le Canadien.

La rivalité a donné lieu à de très grandes parties de hockey. Certaines rencontres ont cependant laissé un mauvais souvenir, comme le match du Vendredi saint en 1984.

Des joueurs exceptionnels ont défendu les couleurs des Nordiques. La présence de cette équipe dans la LNH a aussi permis à un plus grand nombre de joueurs francophones d'évoluer dans la ligue, et à des entraîneurs québécois de faire leurs débuts dans le hockey professionnel.

Les Nordiques ont su enflammer le Colisée de Québec pendant 16 inoubliables saisons au sein de la LNH. Dans ce livre, l'oncle Maurice, un vrai passionné des Nordiques, prendra la parole pour vous raconter l'étonnante histoire d'une équipe pas comme les autres...

***

Maurice profite de la dernière journée de l'année pour respecter une tradition bien établie avec son neveu Pierre-Olivier, un garçon de 12 ans qui ne vit que pour le hockey. Ils jouent l'un contre l'autre sur la patinoire du parc, que Maurice entretient comme bénévole.

La surface glacée du parc est souvent déserte, mais pas aujourd'hui. Les amis de P.-O. sont venus en bon nombre. Même la belle Anna-Ève n'hésite pas à garder le but contre les garçons.

Comme d'habitude, Maurice porte son vieux chandail bleu des Nordiques, où on voit quelques taches noires qui proviennent du caoutchouc des rondelles et du ruban adhésif des bâtons des adversaires. Il est déchiré à quelques endroits. Dans le dos, on lit le numéro 26 et le nom du joueur célèbre qui l'a porté, Peter Stastny. Ce joueur, c'était l'idole de Maurice.

— Alors, ma tante ne sait pas encore que tu as payé ce chandail 500$ dans un encan? demande Pierre-Olivier. Elle croit toujours que c'est un cadeau pour ton bénévolat?

— Non, P.-O., elle ne le sait pas. On lui avouera la vérité un jour, réplique Maurice en faisant un clin d'œil au garçon. Pour l'instant, c'est notre secret.

Pierre-Olivier, lui, n'a rien à cacher. Tous ses vêtements et ses accessoires du Canadien lui ont été donnés par des membres de sa famille. Cette fois, il porte le chandail d'Alex Galchenyuk (que lui a offert son grand-père André, décédé d'un cancer au printemps) et une tuque de P. K. Subban, son joueur favori.

Les sportifs voient arriver la camionnette de la tante Nicole et poussent une exclamation de joie. Ils profiteront d'un repos et d'une collation dans la cabane des joueurs! Nicole apporte des beignes et du chocolat chaud pour les jeunes athlètes.

Pendant cette pause, au grand plaisir de tous, Maurice racontera pour la énième fois la fuite... des frères Stastny en Amérique. Anna-Ève connaît cette histoire par cœur, mais elle demande toujours à Maurice de la raconter encore.

Ce dernier ne se fait pas prier, il aime raconter cette histoire à laquelle il ajoute constamment des détails. Nicole hésite à repartir. Elle adore voir son conjoint partager sa passion pour les Nordiques avec les plus jeunes. Il est intarissable, surtout lorsqu'il parle de son idole...

LES FRÈRES STASTNY

De tous les joueurs qui ont porté les couleurs des Nordiques, Peter Stastny brille au premier rang. Sa carrière peut être qualifiée par un seul mot : exceptionnelle. Dans la décennie 1980, seul Wayne Gretzky a récolté plus de points que le numéro 26 des Nordiques. Peter Stastny a excellé pendant 15 saisons dans la LNH, dont 10 à Québec. Il a bien mérité sa place au Temple de la renommée du hockey.

Pourtant, rien ne prédestinait « le magicien sur glace » à jouer à Québec.

Peter a deux frères hockeyeurs. Tous trois sont nés à Bratislava, en Tchécoslovaquie, un pays qui n'existe plus aujourd'hui. En 1992, cet État a été divisé en deux, ce qui a donné la République tchèque et la Slovaquie.

Au moment où les frères Peter, Anton et Marian Stastny y vivaient, la Tchécoslovaquie était gouvernée selon le régime communiste. Ses citoyens n'avaient pas le droit de voyager. Ils ne pouvaient pas travailler ni habiter là où ils le désiraient. Les choses ont bien changé dans ce pays depuis. De nos jours, les joueurs sont libres de choisir l'endroit où ils joueront.

Mais à la fin des années 1980, pour réaliser leur rêve de jouer dans la LNH, Peter et Anton ont dû s'évader de leur pays natal. Il leur fallait déjouer la surveillance des services secrets et de la police tchécoslovaques. Un vrai scénario de film de James Bond !

Ne reculant devant aucun obstacle, le président des Nordiques, Marcel Aubut, et son bras droit, Gilles Léger, ont décidé d'orchestrer la venue de Peter et de son frère cadet Anton en Amérique du Nord.

À cette époque, les Stastny sont déjà reconnus parmi les meilleurs joueurs en Europe. L'équipe pour laquelle ils jouent, le Slovan de Bratislava, a remporté le championnat de la Ligue tchéco-slovaque et participe à la Coupe d'Europe à Innsbruck, en Autriche. Coup de chance : les membres des familles des joueurs peuvent venir assister à la compétition.

Nous sommes le jeudi 21 août 1980. Toutes les personnes impliquées dans cette folle aventure se souviendront de ce jour pour le reste de leur vie. Fébrile, Peter, qui prépare ce moment depuis un an, dépose dans son sac le volumineux guide des médias de la LNH (dans lequel se trouve un numéro de téléphone important). Puis, il met dans ses poches une poignée de monnaie autrichienne.

Dès son arrivée à Innsbruck, il entre dans un bureau de poste et établit la communication télépho-nique avec le Canada. Anton, qui l'accompagne, reste dehors et surveille les alentours pour s'assu-rer qu'ils ne sont pas repérés.

Peter appelle donc Gilles Léger et lui annonce que son frère et lui sont prêts à venir en Amérique. Sa voix vacille lorsqu'il ajoute que son épouse Darina, enceinte de huit mois, fera également le voyage. Puis, sa voix devient tremblotante quand il précise que son frère aîné, Marian, ne pourra les accompagner parce que son épouse et leurs trois enfants sont demeurés en Tchécoslovaquie.

Léger passe l'appel à Aubut. Ce dernier ordonne à Peter de rester sur place. Le président des Nordiques planifie immédiatement un vol pour aller chercher les Stastny en Autriche.

Le jour même, Léger et Aubut quittent Québec pour se rendre à Montréal. De là, ils s'envolent vers Zurich, en Suisse. Ils atteignent finalement Innsbruck le lendemain en fin de journée.

Aussitôt arrivé en Autriche, Léger loue une grosse Mercedes noire. Il veut une automobile avec de la puissance au cas où il leur faudrait fuir les agents secrets, qui ne manqueraient pas de les tabasser s'ils les interceptaient.

Le duo se met donc à la recherche des frères. De nos jours, avec les courriels et les textos, il aurait été facile d'entrer rapidement en communication avec eux. Cette technologie n'existe pas à cette époque, pourtant pas si lointaine.

Ils parviennent finalement à se joindre par téléphone et se donnent rendez-vous le soir même dans une suite d'hôtel, après le match opposant la Tchécoslovaquie et la Finlande.

À ce moment, Marian, le troisième frère, n'est pas au courant de ce qui se trame. Durant le tournoi, il fréquente les vétérans du Slovan. Il ne passe pas beaucoup de temps avec ses frères. Il garde un œil sur Peter lorsqu'ils sont sur la patinoire à cause de son côté rebelle, mais il ne se préoccupe pas de ses activités une fois que la partie ou l'entraînement est terminé.

Ignorant que ses frères planifient sans lui leur fuite en Amérique, Marian profite de son séjour en Autriche pour acheter des meubles et des accessoires pour sa résidence secondaire, dans la campagne de Bratislava.

Ce soir-là, Peter et Anton ne livrent pas une grande performance contre la Finlande, trop fébriles à la perspective de leur première rencontre avec les représentants des Nordiques. Leurs coéquipiers ne font guère mieux, et le Slovan s'incline 10 à 2 devant la Finlande.

Après le match, les frères Stastny se dirigent d'un pas ferme vers l'hôtel pour entamer de sérieuses négociations.

Dans la chambre où séjournent Marcel Aubut et Gilles Léger, la fumée des cigares est si épaisse qu'on pourrait la trancher au couteau. Peter n'a pas de temps à perdre. Il se montre déjà très bien informé des salaires qu'on accorde dans la LNH.

Une deuxième rencontre a lieu le lendemain, au même endroit. Cette fois, Marian est présent.

L'entente se conclut ainsi : Peter et Marian gagneront chacun 180 000 dollars par année durant six ans. Anton, le benjamin, touchera 155 000 dollars. En plus, Peter et Marian encaisseront chacun un boni de 300 000 dollars à la signature. Celui d'Anton sera de 200 000 dollars. Ces salaires sont beaucoup moins élevés que ceux d'aujourd'hui, mais la proposition est fort acceptable à cette époque.

Marian accepte de signer les documents liant les trois joueurs aux Nordiques, mais il ignore encore que ces contrats signifient que Peter et Anton ne retourneront pas à Bratislava, leur ville natale. Il l'apprendra juste avant le dernier match du tournoi.

***

Une fois les contrats signés, il faut planifier la fuite de Peter et d'Anton en Amérique. Léger et Aubut se rendent à Vienne afin d'obtenir l'aide de l'ambassade du Canada.

Pendant ce temps, Peter et Anton terminent leur tournoi à Innsbruck. Ils ont insisté pour disputer le dernier match contre l'Union soviétique, un regroupement de pays dont fait alors partie la Russie. Le Slovan subira une cuisante défaite de 11 à 1.

Après le match, l'équipe se prépare à rentrer à Bratislava. Marian est occupé à entasser ses achats dans les gigantesques coffres de l'autocar quand Anton vient le retrouver. Le cadet de la famille lui apprend alors que Peter et lui ne retourneront pas en Tchécoslovaquie. Ils quittent immédiatement pour le Québec.

Peter et Anton n'ont pas voulu inclure Marian dans leur plan, car ce dernier aurait alors voulu que son épouse et ses enfants soient du voyage. Ils craignaient que la présence de sa famille n'attire l'attention des services secrets et soulève des doutes sur leurs intentions.

Ébranlé, Marian supplie ses frères de laisser au moins une lettre dans la chambre d'hôtel pour expliquer qu'il n'a jamais été question qu'un autre joueur du Slovan quitte avec eux. Il ne veut pas être associé à cette fuite, car il a peur des conséquences qui pourraient l'attendre à son retour à Bratislava. Anton accepte.

Après le départ de son jeune frère, Marian demeure appuyé contre l'autocar. Il grelotte tellement il a froid. Pourtant, un soleil de plomb
réchauffe l'Autriche. « Le pire moment de ma vie »,
répète-t-il encore à qui veut l'entendre.

***

Peter et Anton se sont séparés afin de déjouer la
surveillance des agents. Peter et sa femme Darina
prennent place dans la Mercedes conduite par un
complice. Ils doivent retrouver Anton qui les attend à quelques rues de là.

Celui-ci accuse un long retard, ce qui n'est pas
dans ses habitudes. Peter craint que des agents
ne l'aient enlevé et ramené en Tchécoslovaquie.

Mais les deux frères se sont tout simplement mal
compris quand ils ont déterminé par quelle porte
de l'hôtel devait sortir Anton. Une marche de
quelques minutes les sépare, mais ils se cherche-
ront pendant une heure et demie.

L'auto dans laquelle se cachent Peter et Darina roule à basse vitesse. Tout à coup, Peter aperçoit enfin Anton marchant en direction de la gare. Pensant que Peter l'a oublié, il a prévu de partir pour Vienne en train, en espérant ne pas être repéré en chemin.

La petite troupe arrive enfin à Vienne, la capitale autrichienne. Léger, Aubut et les deux frères, escortés par des policiers autrichiens armés, se faufilent entre des dizaines d'agents tchécoslovaques, pour finalement réussir à quitter l'Europe.

Ils débarquent à l'aéroport de Mirabel le 25 août 1980. Dès le lendemain, on présente les nouvelles recrues à la presse, aux bureaux montréalais de la brasserie O'Keefe, l'entreprise qui est propriétaire des Nordiques.

L'arrivée de Peter et d'Anton Stastny consacre les Nordiques comme une véritable équipe. Ils progresseront dès lors beaucoup plus rapidement que prévu.

Bien que les joueurs européens soient de plus en plus nombreux dans la LNH en 1980, plusieurs Nord-Américains se montrent réticents à les accepter comme coéquipiers ou comme adversaires. Les Stastny se font traiter de « voleurs d'emplois ».

Même s'il est la cible de plusieurs gestes violents et paroles haineuses, Peter remporte le titre de recrue de l'année à sa première campagne dans la LNH.

***

Dans son pays natal, Marian vit une période très sombre.

« De héros dans mon pays, très à l'aise financièrement, je suis vite devenu un paria sans le sou », racontera-t-il plus tard. À son retour à Bratislava après le tournoi d'Innsbruck et la fuite de ses frères, ses amis l'abandonnent par crainte que la police ne les associe à la famille Stastny.

Avocat de profession, Marian perd son emploi. Il fait l'objet, jour et nuit, d'une surveillance constante et doit se rapporter au poste de police tous les mardis et vendredis.

Le Parti communiste lui fait payer très cher le départ de ses frères. Mais le cauchemar ne durera pas longtemps. Marian parviendra finalement à quitter le pays pour rejoindre Peter et Anton dès l'année suivante, le 6 juin 1981.

***

Les frères Anton, Marian et Peter Stastny pratiquaient un style de jeu innovateur. Ils s'entrecroisaient sur la patinoire, ce qui compliquait la stratégie défensive de l'équipe adverse, peu familière avec cette façon de charger le filet ennemi. Les amateurs, qu'ils soient pour ou contre les Nordiques, raffolaient de la brillante exécution du trio des Stastny.

ANTON STASTNY

Ailier gauche, 6', 188 lb, lance de la gauche. ▪ Né le 5 août 1959 à Bratislava (Slovaquie). ▪ Choix de 4ᵉ ronde (83ᵉ au total) au repêchage amateur de 1979. ▪ **Numéro avec les Nordiques :** 20 (1980-1981 à 1988-1989).

STATISTIQUES AVEC LES NORDIQUES

Saison régulière						Éliminatoires				
Saison	PJ	B	A	Pts	Pén	PJ	B	A	Pts	Pén
1980-1981	80	39	46	85	12	5	4	3	7	2
1981-1982	68	26	46	72	16	16	5	10	15	10
1982-1983	79	32	60	92	25	4	2	2	4	0
1983-1984	69	25	37	62	14	9	2	5	7	7
1984-1985	79	38	42	80	30	16	3	3	6	6
1985-1986	74	31	43	74	19	3	1	1	2	0
1986-1987	77	27	35	62	8	13	3	8	11	6
1987-1988	69	27	45	72	14	-	-	-	-	-
1988-1989	55	7	30	37	12	-	-	-	-	-
Total LNH	650	252	384	636	150	66	20	32	52	31
Nordiques	650	252	384	636	150	66	20	32	52	31

Le 22 février 1981, Anton et Peter Stastny inscrivent huit points chacun dans un gain de 11 à 7 des Nordiques, à Washington. Anton récolte trois buts et cinq passes, tandis que son frère inscrit quatre buts et quatre passes.

MARIAN STASTNY

Ailier droit, 5'10", 193 lb, lance de la gauche. ▪ Né le 8 janvier 1953 à Bratislava (Slovaquie). ▪ **Clubs LNH :** Québec et Toronto. ▪ Signé comme agent libre le 26 août 1980. ▪ Signé comme agent libre par Toronto le 12 août 1985. ▪ **Numéro avec les Nordiques :** 18 (1981-1982 à 1984-1985).

STATISTIQUES AVEC LES NORDIQUES

	Saison régulière					Éliminatoires				
Saison	PJ	B	A	Pts	Pén	PJ	B	A	Pts	Pén
1981-1982	74	35	54	89	27	16	3	14	17	5
1982-1983	60	36	43	79	32	2	0	0	0	0
1983-1984	68	20	32	52	26	9	2	3	5	2
1984-1985	50	7	14	21	4	2	0	0	0	0
Total LNH	322	121	173	294	110	32	5	17	22	7
Nordiques	252	98	143	241	89	29	5	17	22	7

À sa deuxième saison dans la LNH, Marian récolte 36 buts et 43 passes en seulement 60 rencontres. Il participe au match des étoiles, mais ne sera plus jamais le même joueur à la suite de la blessure à l'épaule qu'il subit peu après.

Centre, 6'1", 200 lb, lance de la gauche. ▪ Né le 18 septembre 1956 à Bratislava (Slovaquie). ▪ **Clubs LNH :** Québec, New Jersey et St. Louis. ▪ Signé comme agent libre le 26 août 1980. ▪ Échangé au New Jersey le 6 mars 1990 contre Craig Wolanin et des considérations futures (Randy Velischek). ▪ **Numéro avec les Nordiques :** 26 (1980-1981 à 1989-1990).

STATISTIQUES AVEC LES NORDIQUES

Saison	Saison régulière					Éliminatoires				
	PJ	B	A	Pts	Pén	PJ	B	A	Pts	Pén
1980-1981	77	39	70	109	37	5	2	8	10	7
1981-1982	80	46	93	139	91	12	7	11	18	10
1982-1983	75	47	77	124	78	4	3	2	5	10
1983-1984	80	46	73	119	73	9	2	7	9	31
1984-1985	75	32	68	100	95	18	4	19	23	24
1985-1986	76	41	81	122	60	3	0	1	1	2
1986-1987	64	24	53	77	43	13	6	9	15	12
1987-1988	76	46	65	111	69	-	-	-	-	-
1988-1989	72	35	50	85	117	-	-	-	-	-
1989-1990	62	24	38	62	24	-	-	-	-	-
Total LNH	977	450	789	1239	824	93	33	72	105	123
Nordiques	737	380	668	1048	687	64	24	57	81	96

Peter marque l'un de ses buts les plus spectaculaires le 16 avril 1987 pour éliminer les Whalers de Hartford. En prolongation, il perd un gant au centre de la glace mais réussit tout de même à s'échapper et à déjouer le gardien Mike Liut.

Après avoir raconté l'histoire des frères Stastny avec passion, comme il le fait toujours, Maurice propose aux jeunes joueurs de poursuivre le match. Son équipe accuse un recul de 5 à 2, principalement à cause de la brillante performance d'Anna-Ève devant le filet. Elle aime cette position, contrairement à Alexandre, qui trouve le temps bien long devant l'autre cage.

La douzaine de gamins est d'accord pour continuer de s'amuser. Toutefois, Alexandre cède sa place à Kevin devant le filet.

Tant qu'à changer de gardien, pourquoi ne pas refaire les équipes? se dit-on. Tous les joueurs empilent leurs bâtons au centre de la glace. Maurice les pige l'un après l'autre. On repart à zéro. Cette fois-ci, l'équipe d'Anna-Ève perd 7 à 4 contre celle de Pierre-Olivier.

Dès la fin de cette nouvelle partie, tout le monde se précipite dans la cabane, là où il fait chaud. On s'empresse d'enlever son chandail et de détacher ses patins. Intrigué par cette équipe des Nordiques dont il a peu entendu parler, Thierry, un petit Montréalais, questionne Maurice pour savoir si les Nordiques ont joué longtemps dans la LNH.

— Le cheminement des Nordiques, tout comme celui des Oilers d'Edmonton, des Jets de Winnipeg et des Whalers de Hartford, ne se compare absolument pas à celui du Canadien, une organisation plus que centenaire, commence Maurice, qui en sait long sur le sujet...

2

PAR LA PORTE DE L'AMH

Depuis sa création en 1917, la LNH règne sur le monde du hockey. Peu de ligues sont arrivées à lui faire concurrence au fil des années.

La plupart des autres ligues professionnelles réunissent des athlètes moins talentueux, ou de jeunes joueurs en période d'apprentissage. C'est notamment le cas de la Ligue américaine de hockey (LAH), qui est la plus résistante parmi toutes les autres ligues.

La LNH a rarement perdu des joueurs au profit d'une autre ligue, à part dans quelques cas où un athlète originaire d'Europe de l'Est décidait de joindre les rangs de la Ligue continentale de hockey (KHL). Le joueur quittait généralement la LNH en fin de carrière et n'évoluait plus très longtemps dans le hockey professionnel par la suite.

Créer une nouvelle ligue pour rivaliser avec la LNH exige énormément d'audace et beaucoup d'argent. Ce rêve a toujours semblé irréalisable. Pourtant, en 1971, deux hommes d'affaires intrépides de la Californie, Gary Davidson et Dennis Murphy, décident de mettre un terme au monopole de la LNH et fondent l'Association mondiale de hockey (AMH).

Cette nouvelle ligue de hockey implante en Amérique du Nord des clubs dans des villes sans équipe, et même dans des régions comptant déjà une équipe de la LNH. Elles tentent de recruter des joueurs vedettes, même parmi ceux qui sont sous contrat avec une équipe de la LNH.

L'AMH ne cherche pas que des joueurs de quatrième trio, ou moins doués. Elle cible l'élite. Elle souhaite attirer les meilleurs attaquants, ainsi que les plus solides défenseurs et gardiens. Bref, pour Davidson et Murphy, pas question de rester au deuxième rang !

La nouvelle ligue réussit un coup spectaculaire en recrutant la vedette des Black Hawks de Chicago,

Bobby Hull, surnommé « la comète blonde ». Toutes les équipes de l'AMH participent financièrement, et la ligue offre au joueur étoile un contrat de 2,75 millions de dollars pour 10 ans, en plus d'une prime à la signature de 1 million de dollars. C'est une somme colossale dans les années 1970 ! Les Jets de Winnipeg (capitale du Manitoba), qui seront l'équipe de Bobby Hull dans l'AMH, lui fournissent également une maison et une ferme en banlieue de la ville.

La signature de cette entente historique se transforme en fête publique. L'événement se tient dans la ville de Winnipeg, à l'intersection des rues Portage et Main, au cœur du centre-ville. C'est comme si un joueur du Canadien signait son contrat à l'intersection des rues Peel et Sainte-Catherine, à Montréal.

L'AMH a le vent dans les voiles et poursuit sur sa lancée. L'année suivante, elle embauche le vétéran Gordie Howe, une légende du hockey. Il évoluera avec ses fils Mark et Marty chez les Aeros de Houston.

La naissance de l'AMH force la LNH à réaffirmer rapidement sa position de chef de file. En 1972, la LNH annonce la création des Islanders de New York et des Flames d'Atlanta. Les premiers remportent leur première coupe Stanley en 1980, et les seconds déménageront à Calgary cette même année.

La ville de Québec n'échappe pas à cet engouement. Ne pouvant encore rêver d'intégrer la LNH, la Vieille Capitale (c'est ainsi qu'on appelle la ville de Québec) souhaite utiliser la nouvelle ligue comme porte d'entrée dans l'univers du hockey professionnel.

En août 1971, six membres fondateurs des Remparts de Québec, Marius Fortier, Jean-Marc Bruneau, John Dacres, Marcel Bédard, Jean-Claude Mathieu et Léo-Paul Beausoleil, décident de quitter l'organisation junior pour embarquer dans l'aventure de l'AMH.

À ce moment, toutefois, l'AMH ne vend plus de franchises. Elle exige également qu'il y ait des propriétaires sérieux dans les villes désignées. Québec, qui s'y est pris trop tard, risque de manquer le départ!

Mais en février 1972, on offre aux six hommes d'affaires québécois d'acheter la franchise de San Francisco pour 210 000 dollars. À cette époque, une équipe de la LNH se vend 6 millions de dollars. Une aubaine? Pas vraiment, car celles de l'AMH ont été vendues 25 000 dollars un an plus tôt.

Il faudra conclure la vente rapidement, puisque le repêchage inaugural de l'AMH se tient 24 heures plus tard. Pressés par le temps, les nouveaux dirigeants ont recours à des guides de presse et à la liste des joueurs de la LNH que publie le journal spécialisé *Hockey News* pour sélectionner les joueurs de leur nouvelle équipe.

On doit maintenant lui trouver un nom. L'association Les Sportifs du Québec lance un concours, et quelques-uns des participants proposent de baptiser l'équipe «les Nordiques», un nom qui rappelle la position géographique de la ville de Québec.

Il lui faudra aussi un logo ! Celui qu'on connaît toujours aujourd'hui, un igloo en forme de « n » minuscule accompagné d'un bâton et d'une rondelle, est alors choisi. Il est l'œuvre d'un jeune Québécois âgé de 17 ans à l'époque, Roger Gingras.

3

UNE ÉQUIPE À BÂTIR

À leurs débuts, la survie des Nordiques est loin d'être assurée. Tout l'argent de la nouvelle organisation a servi à acheter le document qui donne droit de jeu dans l'AMH. La caisse est vide.

Les six courageux fondateurs font alors appel aux gens d'affaires de la ville de Québec. Heureusement, leur appel est entendu, et 220 Québécois collaborent financièrement à ce grand projet. Grâce à la générosité du public, l'organisation dispose de 2 millions de dollars pour embaucher des joueurs. Aujourd'hui, cette somme permettrait à peine de payer le salaire d'un joueur de quatrième trio ou d'un sixième défenseur... mais à cette époque, c'est suffisant pour mettre l'équipe sur pied.

Tout comme les autres équipes de l'AMH, les Nordiques pourchassent les vedettes de la LNH.

Ils courtisent entre autres les joueurs québécois, mais obtiennent peu de succès.

L'une des grandes déceptions, c'est le refus de Jacques Richard de se joindre au club. Richard est un joueur d'exception chez les Remparts. Plusieurs dépisteurs de cette époque le considèrent comme meilleur que Guy Lafleur! Jacques Richard, qui réalisera plus tard une saison de 52 buts chez les Nordiques de la LNH (en 1980-1981), préfère alors signer un contrat avec les Flames d'Atlanta.

Parmi tous les joueurs qu'ils tentent d'attirer dans leurs rangs, les Nordiques ne récoltent que le défenseur Jean-Claude Tremblay, du Canadien, avec un contrat de 140 000 dollars par saison pendant 5 ans. Jean-Claude Tremblay sera le pilier de la nouvelle équipe, qui est presque exclusivement composée de joueurs francophones issus du hockey mineur.

Puisqu'ils ne peuvent pas embaucher tous les joueurs qu'ils convoitent, les Nordiques se tournent vers d'anciennes vedettes pour leur offrir d'occuper des postes de direction. C'est ainsi que

JEAN-CLAUDE TREMBLAY

Défenseur, 5'11", 170 lb, lance de la gauche. ▪ Né le 22 janvier 1939 à Bagotville (Québec). ▪ Décédé le 7 décembre 1994. ▪ **Clubs :** Montréal (LNH) et Québec (AMH). ▪ Signé le 20 juillet 1972 (droits obtenus de Los Angeles). ▪ **Numéro avec les Nordiques :** 3 (1972-1973 à 1978-1979).

STATISTIQUES AVEC LES NORDIQUES

Saison	Saison régulière					Éliminatoires				
	PJ	B	A	Pts	Pén	PJ	B	A	Pts	Pén
1972-1973	75	14	75	89	32	-	-	-	-	-
1973-1974	68	9	44	53	10	-	-	-	-	-
1974-1975	68	16	56	72	18	11	0	10	10	2
1975-1976	80	12	77	89	16	5	0	3	3	0
1976-1977	53	4	31	35	16	17	2	9	11	2
1977-1978	54	5	37	42	26	1	0	1	1	0
1978-1979	56	6	38	44	8	-	-	-	-	-
Total AMH	454	66	358	424	126	34	2	23	25	4
Nordiques	454	66	358	424	126	34	2	23	25	4
Total LNH	794	57	306	363	204	108	14	51	65	58

À sa première saison avec les Nordiques, Jean-Claude Tremblay dispute 63 des 70 minutes d'un match ayant nécessité une période de prolongation. Peu après, on découvre qu'il possède un « cœur d'athlète », c'est-à-dire un cœur plus gros et plus fort que la normale.

Maurice Richard accepte de devenir le premier entraîneur de l'équipe.

Cette nomination surprend les gens, car le « Rocket » n'est pas aimé dans la Vieille Capitale. Le joueur, qui est le meilleur buteur de l'histoire du Canadien, avait la mèche courte, c'est-à-dire qu'il se fâchait facilement... Lors d'un match disputé à Québec au début de sa carrière, dans les années 1940, il avait même tiré un arbitre par le cordon de son sifflet !

Les Nordiques jouent le premier match de leur histoire le 11 octobre 1972, contre les Crusaders de Cleveland. Ils perdent la partie, par le score de 2 à 0. Deux jours plus tard, ils jouent pour la première fois au Colisée de Québec, contre les Oilers de l'Alberta (qui deviendront les Oilers d'Edmonton dans la LNH). Devant une salle comble, ils remportent leur première victoire.

La joie est toutefois de courte durée. Après seulement deux parties, l'entraîneur Maurice Richard remet sa démission, car il se sent incapable de faire le boulot et de soutenir la pression. Maurice Filion le remplace.

MAURICE FILION

Maurice Filion a été l'entraîneur des Remparts de Québec de 1969 à 1972. Avec lui, l'équipe a remporté la coupe Memorial en 1971. Les Remparts comptaient alors dans leurs rangs de très bons joueurs, comme Guy Lafleur, Jacques Richard et André Savard.

Les Nordiques avaient d'abord embauché Maurice Filion comme dépisteur en chef. Il a rapidement accepté le poste d'entraîneur-chef après la démission de Maurice Richard.

Plusieurs tempêtes ont marqué son passage dans l'AMH. Toujours, il résistera. Quand les Fleurdelisés feront leur entrée dans la LNH, c'est Maurice Filion qui sera directeur général de l'équipe.

Au sein des Nordiques, il a réussi à incorporer plusieurs joueurs francophones : André Dupont, Mario Marois, Wilfrid Paiement, etc. Sa meilleure acquisition a été l'excellent gardien de but Daniel Bouchard.

En 1987, Filion échangera Dale Hunter aux Capitals de Washington, convaincu que son numéro 32, qui a subi une grave fracture au péroné (os long situé au bas de la jambe), ne redeviendra pas le joueur qu'il était. Plusieurs croiront qu'il a commis une grave erreur, et ce sera peut-être bien le cas… Hunter jouera 12 autres saisons dans l'uniforme des Capitals. Ceux-ci retireront son chandail en mars 2000. Néanmoins, cette transaction permettra aux Nordiques de repêcher le talentueux Joe Sakic.

Filion perd son emploi de directeur général en 1988, pour le reprendre brièvement après le congédiement de Martin Madden deux ans plus tard. Sous sa gouverne, les Nordiques ont échangé Peter Stastny au New Jersey et Michel Goulet à Chicago.

Maurice Fillion rompt ses liens avec les Fleurdelisés à l'été 1990. Il joint ensuite la Ligue de hockey junior majeur du Québec (LHJMQ), à titre de vice-président et de préfet de la discipline.

À la saison 1973-1974, les Nordiques confient la double fonction de directeur général et d'entraîneur à l'ancien gardien Jacques Plante. Ce gardien est célèbre pour avoir été le premier à se protéger le visage avec un masque. Mais il n'a jamais dirigé une équipe de hockey... Jacques Plante abandonnera ses fonctions après une seule saison, même s'il avait signé un contrat de 10 ans d'une valeur de 600 000 dollars.

Les Nordiques négocient également avec deux anciennes étoiles des Remparts, mais sans succès. Guy Lafleur et André Savard refusent encore de se joindre à l'équipe. Celle-ci échoue également dans sa tentative de convaincre Jean Béliveau de quitter l'organisation du Canadien et d'effectuer un retour sur la glace du Colisée.

Dans les moments difficiles, les propriétaires des Nordiques se rappellent les paroles du président de la LNH, Clarence Campbell, qui aime bien répéter que Québec n'est qu'une « ville à 30 sous » et que les Québécois sont « nés pour un petit pain ». Cette expression signifie qu'ils ne peuvent aspirer à devenir un jour de vrais champions.

Plutôt que de les ralentir, ces paroles motivent les dirigeants et les joueurs des Nordiques. Plus que jamais, l'équipe se montre déterminée à prouver à Campbell qu'il a tort.

4

LE VENT DANS LES VOILES

Après des débuts difficiles, les Nordiques deviennent l'une des équipes les plus prometteuses de l'AMH. En plus de Jean-Claude Tremblay à la défense, ils peuvent compter sur le gardien Richard Brodeur et les attaquants Serge Bernier, Christian Bordeleau, Réal Cloutier, Réjean Houle et Marc Tardif, qui est, selon plusieurs, le meilleur joueur de la ligue.

Le trio formé de Tardif, Bordeleau et Cloutier déploie un jeu inspirant en offensive. Ces patineurs n'hésitent pas à quitter leur position pour ouvrir davantage le jeu. Le public en redemande, et les gradins du Colisée sont remplis à chaque partie.

C'est à cette époque que la direction des Nordiques décide de placer deux, puis huit fleurs de lys sur le chandail de l'équipe. Ce symbole rappelle que Québec est le berceau de l'Amérique française.

Dirigés par Jean-Guy Gendron, les Fleurdelisés atteignent la finale en 1975, mais s'inclinent en quatre parties face aux Aeros de Houston.

En 1976, ils sont éliminés en première ronde par les Cowboys de Calgary. Lors du deuxième match de la série au Colisée, l'ailier gauche Rick Jodzio attaque sauvagement Marc Tardif, ce qui déclenche une épouvantable bagarre générale. Même des policiers de la ville de Québec doivent sauter sur la glace pour arrêter les coups!

Pendant cette bagarre, le capitaine des Nordiques subit une grave commotion cérébrale. Cette blessure aurait pu mettre fin à sa carrière, mais il revient courageusement au jeu la saison suivante. Cependant, même s'il livrera de belles performances sur la glace, il n'affichera plus la même détermination ni la même fougue qu'auparavant.

À l'été 1976, les brasseries Labatt et O'Keefe se disputent la propriété de l'équipe. O'Keefe remporte la mise en payant 2 millions de dollars. Cette somme assurera des bases solides aux Nordiques.

Ailier gauche, 6', 195 lb, lance de la gauche. ▪ Né le 12 juin 1949 à Granby (Québec). ▪ **Clubs :** Montréal (LNH), Los Angeles (AMH), Michigan (AMH) et Québec (AMH et LNH). ▪ Acquis du Michigan le 7 décembre 1974 avec Steve Sutherland, contre Alain Caron, Pierre Guité et Michel Rouleau. ▪ **Numéro avec les Nordiques :** 8 (1974-1975 à 1982-1983).

STATISTIQUES AVEC LES NORDIQUES

Saison régulière						Éliminatoires				
Saison	PJ	B	A	Pts	Pén	PJ	B	A	Pts	Pén
1974-1975	53	38	34	72	70	15	10	11	21	10
1975-1976	81	71	77	148	79	2	1	0	1	2
1976-1977	62	49	60	109	65	12	4	10	14	8
1977-1978	78	65	89	154	50	11	6	9	15	11
1978-1979	74	41	55	96	98	4	6	2	8	4
1979-1980	58	33	35	68	30	-	-	-	-	-
1980-1981	63	23	31	54	35	5	1	3	4	2
1981-1982	75	39	31	70	55	13	1	2	3	16
1982-1983	76	21	31	52	34	4	0	0	0	2
Total AMH	**446**	**316**	**350**	**666**	**418**	**44**	**27**	**32**	**59**	**35**
Nordiques	348	264	315	579	362	44	27	32	59	35
Total LNH	**517**	**194**	**207**	**401**	**443**	**62**	**13**	**15**	**28**	**75**
Nordiques	272	116	128	244	154	22	2	5	7	20

En 1977-1978, Marc Tardif établit un nouveau record du hockey professionnel en inscrivant 154 points en une seule saison. Il bat ainsi le record de 152 points réalisé en 1970-1971 par le centre Phil Esposito des Bruins de Boston.

Le 8 janvier 1977, les Nordiques, désormais dirigés par Marc Boileau, reçoivent l'équipe de l'Union soviétique et son gardien vedette, Vladislav Tretiak. Celui-ci ne parvient même pas à terminer la rencontre. Il s'incline devant la troupe québécoise, qui triomphe par la marque de 6 à 1.

Les Nordiques remportent enfin la coupe Avco le 26 mai 1977 en battant les Jets de Winnipeg 7 à 2, au septième et dernier match de la finale. C'est le délire dans la foule ! Gonflés de fierté, les partisans réclament en vain un duel contre le Canadien.

La coupe est portée par le capitaine Marc Tardif qui la présente aux partisans. Ce trophée représente l'équivalent de la coupe Stanley, et il porte le nom de la compagnie financière qui en a fait don à la ligue.

À cette époque, l'AMH et la LNH envisagent sérieusement de fusionner leurs activités. Marcel Aubut, alors âgé de 30 ans, devient président des Nordiques. Il est le plus jeune à occuper ce poste dans tout le hockey professionnel.

MARCEL AUBUT

Natif d'un petit village appelé Saint-Hubert-de-Rivière-du-Loup, Marcel Aubut a su laisser sa marque dans la LNH. Après avoir été conseiller juridique et trésorier des Nordiques, il devient leur président le 15 juin 1978.

Marcel Aubut aime le hockey, mais il préfère avant tout les affaires. Dès sa première saison comme président des Nordiques, il reçoit les appuis requis pour agrandir le Colisée de Québec, un édifice qui commençait à être un peu vieux et abîmé. L'année suivante, il réussit un coup de génie en orchestrant avec Gilles Léger la fuite des frères Peter et Anton Stastny vers Québec.

Marcel Aubut a aussi contribué à implanter la période supplémentaire en saison régulière, la fusillade pour départager les équipes à égalité, et les reprises vidéo pour valider certaines décisions des arbitres, en cas de conflit.

En 1987, il persuade la LNH d'organiser un grand événement international au lieu de présenter le traditionnel match des étoiles. C'est ainsi que naît Rendez-vous 1987.

Plus qu'une rencontre sportive, Rendez-vous 87 est une fête internationale des cultures. De nombreuses personnalités sportives et culturelles y participent. En plus des parties sur la glace opposant les joueurs étoiles de la LNH à ceux de la puissante équipe soviétique, on organise des défilés de mode, des repas gastronomiques, un spectacle du Chœur de l'Armée rouge, et des conférences.

À l'automne 1988, Aubut empêche la vente des Nordiques à un investisseur étranger, grâce à l'aide financière de plusieurs entreprises québécoises. Il garde son poste de président, mais il devient aussi l'un des propriétaires de l'équipe.

Peu de temps après, il commence à réclamer la construction d'un nouvel amphithéâtre à Québec. Le maire de l'époque, Jean-Paul L'Allier, s'y oppose énergiquement. C'est le début d'un très long combat pour Marcel Aubut. Sans un nouvel amphithéâtre, il serait impossible pour les Nordiques de survivre ! En 1995, les propriétaires devront prendre la décision de vendre l'équipe.

Maître Marcel Aubut a continué sa route, avec son style flamboyant et son acharnement au travail. Il est devenu le président du Comité olympique canadien, le premier francophone de tous les temps à occuper ce poste.

5

DANS LES RANGS DE LA LNH

Malgré la progression de l'AMH, la LNH continue de la ridiculiser. Fred Shero, qui est l'entraîneur des Flyers de Philadelphie, se plaît à dire que les meilleures équipes de l'AMH ne pourraient même pas vaincre la pire de la LNH, les Capitals de Washington. Cette affirmation insulte les Nordiques, qui sont les nouveaux champions de la ligue !

L'AMH et la LNH sont donc, en apparence du moins, toujours en concurrence. Mais dans les coulisses, en secret, la fusion des deux ligues rivales se trame.

Pendant ce temps, l'AMH continue de s'affirmer et marque de gros coups. Ne tenant pas compte du fait qu'il faut être âgé d'au moins 20 ans pour évoluer chez les hockeyeurs professionnels, elle accorde en 1978 un contrat à une jeune merveille de 17 ans, qui s'appelle Wayne Gretzky. Le jeune homme joue brièvement avec les Racers d'Indianapolis avant d'endosser le chandail des Oilers de l'Alberta.

Au cours de sa brillante carrière, Wayne Gretzky, le légendaire numéro 99, récrira le livre des records offensifs.

L'AMH attire aussi les joueurs européens en plus grand nombre, ainsi que plusieurs joueurs de 18 ans. Parmi ceux-ci, Michel Goulet, qui quitte les Remparts de Québec pour se joindre aux Bulls de Birmingham. Il intégrera l'équipe des Nordiques l'année suivante.

Même si l'implantation de l'AMH a échoué dans plusieurs villes et qu'elle ne compte plus que six équipes, ses dirigeants ne se laissent pas décourager et continuent de jouer dans les plates-bandes de la LNH. Celle-ci ne peut rester les bras croisés devant le départ de jeunes talents.

Par conséquent, la LNH annonce que certaines équipes de l'AMH pourraient intégrer ses rangs après la saison 1978-1979. Ce moment est attendu depuis plusieurs décennies à Québec, qui a vu défiler tant d'équipes et de ligues.

Pour accueillir les Nordiques, la LNH exige que le Colisée de Québec soit agrandi, pour passer de 10 000 à 15 000 sièges. Peu de Québécois croient alors que la ville obtiendra l'argent nécessaire pour effectuer ces rénovations. Les travaux sont évalués à 15 millions de dollars, une fortune !

Le 24 janvier 1979, le premier ministre du Québec, René Lévesque, annonce une contribution de 5 millions de dollars, le tiers de la somme, pour l'agrandissement du vieil édifice après la saison 1979-1980. La Ville de Québec et le gouvernement fédéral emboîtent le pas et fournissent chacun le tiers du montant. Maintenant qu'ils ont en main l'argent nécessaire, tous les espoirs sont permis pour les Fleurdelisés !

Le 7 février, Marcel Aubut se présente à New York devant John Ziegler (successeur de Clarence Campbell à la tête de la LNH) avec un document garantissant l'agrandissement du Colisée. Le président pense que son objectif est atteint. Pourtant, Ziegler refroidit un peu son enthousiasme. Il appuie le projet de fusion, mais ne croit pas que Québec soit en mesure de rivaliser avec les grandes villes du circuit.

Confiant néanmoins de réussir sa mission, Aubut assiste à une réunion des gouverneurs de la LNH en Floride, le 8 mars 1979. Plusieurs, parmi ces décideurs du hockey, sont favorables à la fusion de l'AMH et de la LNH. Ils affirment qu'il faut mettre fin à cette guerre entre les deux ligues.

Cependant, ils font une importante mise en garde. La LNH compte 17 équipes. Si seulement cinq d'entre elles s'opposent à l'entrée de Québec, de Winnipeg, d'Edmonton et de Hartford dans la LNH, le projet de fusion sera rejeté.

Déjà, on sait que Boston, Toronto, Los Angeles et Vancouver refuseront la fusion. Une cinquième organisation sera-t-elle contre le projet ?

Le verdict tombe : le Canadien de Montréal et son propriétaire, la brasserie Molson, se prononcent finalement contre la fusion. Pas question de voir les Nordiques s'emparer de leur territoire, ni de laisser à leur propriétaire, la brasserie O'Keefe, le champ libre pour vendre ses produits !

Outrés par la décision du Canadien, les partisans des équipes de l'AMH crient à l'injustice. La violence éclate à Québec, à Winnipeg et à Edmonton. Une fausse alerte à la bombe à l'entrepôt de Molson, à Québec, met la police sur le qui-vive. À Winnipeg, on ne se limite pas aux menaces ! Des coups de feu sont tirés sur un entrepôt de Molson, afin de protester contre la position de la brasserie et du Canadien, qu'elle représente.

Inquiété par ce soulèvement de la population, le président de Molson, Morgan McCammon, demande une reprise des négociations. Le 30 mars 1979, dans un hôtel de New York, l'accord est finalement signé. Le rêve devient réalité pour les équipes de Québec, de Winnipeg, d'Edmonton et de Hartford : elles intègrent officiellement la LNH.

C'est un grand moment pour les amateurs de sport. L'entrée de ces quatre équipes dans la plus grosse ligue de hockey professionnel au monde met fin à sept ans de rivalité entre la LNH et l'AMH, mais elle entraînera la naissance d'une autre rivalité légendaire : celle entre le Canadien et les Nordiques.

La journée se trouvant entre chien et loup, oncle Maurice donne le signal de quitter la patinoire et de rentrer. Pierre-Olivier se rendra directement chez son oncle, où se tiendront le souper du Jour de l'An et le réveillon. Les familles de Thierry et d'Anna-Ève y sont également conviées.

En route vers la maison, Anna-Ève demande à Maurice quel chandail des Nordiques il porterait s'il n'usait pas à la corde celui de Peter Stastny.

— Il y a bien le 16 de Michel Goulet, répond-il après une courte réflexion. Je crois toutefois que j'opterais pour le 32 de Dale Hunter, qui a été l'âme et le cœur des Fleurdelisés. Il a joué pendant sept saisons à Québec, et sa fougue a grandement alimenté la rivalité entre le Canadien et les Nordiques.

6

LA NAISSANCE D'UNE RIVALITÉ

Les amateurs de hockey de partout dans la province se réjouissent de l'entrée des Nordiques dans la LNH. Ils pourront livrer bataille au Canadien, directement sur son territoire !

Une rivalité comme celle-là ne survient pas par hasard. Les réactions émotives des partisans, l'intensité du jeu sur la patinoire et la guerre commerciale entre les propriétaires des deux équipes sont tous des facteurs qui y ont contribué.

Il n'existe pas actuellement dans la LNH une rivalité comme celle qui a eu cours entre les Bleus et les Rouges de 1979 à 1995. Elle éclipsait celle qui a existé, à la même époque, en Alberta entre les Oilers d'Edmonton et les Flames de Calgary, et entre les Islanders et les Rangers, les deux équipes de New York.

Les Nordiques ne menacent pourtant pas la domination du Canadien à ce moment. Le Tricolore a fait sa marque comme champion dans les décennies 1950, 1960 et 1970. Et en 1979, il vient tout juste de remporter la coupe Stanley.

La formation de Québec est dépourvue de grand talent. Mis à part le trio formé par le nouveau capitaine Robbie Ftorek au centre, le vétéran Marc Tardif à l'aile gauche et le jeune prodige Réal Cloutier à l'aile droite, les Nordiques n'ont rien pour intimider leurs adversaires. À cette époque, l'équipe est dirigée par Jacques Demers ; ce même entraîneur gagnera la coupe Stanley avec le Canadien en 1993.

Les Nordiques peuvent cependant miser sur le jeune Michel Goulet, qui vient de se joindre à l'équipe. Tout comme le défenseur Pierre Lacroix, Goulet exigera un contrat en français, ce qui n'existait pas à l'époque dans la LNH. Tous les joueurs, peu importe leur langue maternelle, signaient un document en anglais. Goulet et Lacroix obtiendront ce qu'ils demandent. Ce sera une victoire historique pour les joueurs francophones.

Ailier gauche, 6'1", 195 lb, lance de la gauche. ▪ Né le 21 avril 1960 à Péribonka (Québec). ▪ **Clubs :** Birmingham (AMH), Québec (LNH) et Chicago (LNH). ▪ Choix de 1re ronde (20e au total) au repêchage amateur de 1979. Échangé à Chicago le 5 mars 1990 avec Greg Millen et un choix de 6e ronde des Nordiques au repêchage de 1991, contre Mario Doyon, Everett Sanipass et Daniel Vincelette. ▪ **Numéro avec les Nordiques :** 16 (1979-1980 à 1989-1990).

STATISTIQUES AVEC LES NORDIQUES

	Saison régulière					Éliminatoires				
Saison	PJ	B	A	Pts	Pén	PJ	B	A	Pts	Pén
1979-1980	77	22	32	54	48	-	-	-	-	-
1980-1981	76	32	39	71	45	4	3	4	7	7
1981-1982	80	42	42	84	48	16	8	5	13	6
1982-1983	80	57	48	105	51	4	0	0	0	6
1983-1984	75	56	65	121	76	9	2	4	6	17
1984-1985	69	55	40	95	55	17	11	10	21	17
1985-1986	75	53	51	104	64	3	1	2	3	10
1986-1987	75	49	47	96	61	13	9	5	14	35
1987-1988	80	48	58	106	56	-	-	-	-	-
1988-1989	69	26	38	64	67	-	-	-	-	-
1989-1990	57	16	29	45	42	-	-	-	-	-
Total AMH	**78**	**28**	**30**	**58**	**65**	-	-	-	-	-
Total LNH	**1089**	**548**	**604**	**1152**	**825**	**92**	**39**	**39**	**78**	**110**
Nordiques	813	456	489	945	613	66	34	30	64	98

Le 17 mars 1986, Michel Goulet sème la consternation au Forum de Montréal en récoltant quatre buts et deux mentions d'assistance, permettant aux Nordiques de combler un déficit de 3 à 0 et de battre le Canadien par la marque de 8 à 6.

En 1988, le journal spécialisé *Hockey News* le nomme meilleur ailier gauche de la décennie.

Le premier match entre les nouveaux rivaux a lieu le 13 octobre 1979. À leur arrivée sur la patinoire du Forum, les Fleurdelisés reçoivent une ovation debout. Mais malgré une solide performance de leur gardien Michel Dion, les Nordiques sont battus par la marque de 3 à 1.

Le jour de la revanche, le Canadien est attendu de pied ferme au Colisée. Surprise ! Ce 28 octobre 1979, les Nordiques triomphent par le pointage de 5 à 4. Jamais une partie en saison régulière n'a soulevé autant l'intérêt du public.

Chez les Nordiques, on n'avait pas prévu que cette première victoire contre le Tricolore surviendrait aussi rapidement. Une heure après la sirène finale, les partisans des Nordiques chantent et dansent dans les gradins, tout en appelant les joueurs sur la patinoire.

Les supporters du Canadien ne pleurent pas cette première défaite contre les voisins de Québec. Il en faudra un peu plus pour allumer la mèche et faire exploser le baril de poudre…

***

Une ronde éliminatoire est souvent le moment où la dispute éclate entre deux opposants. Mais encore faut-il se qualifier pour les séries, ce qui n'est pas le cas des Nordiques à leur première saison dans la LNH. Après 40 parties, ils occupent pourtant le 10e rang au classement et maintiennent une moyenne de .500.

Mais durant la seconde moitié du calendrier, l'équipe est décimée. De nombreux joueurs sont blessés. Les Nordiques n'obtiennent que deux matchs nuls au cours des huit derniers matchs de la saison. Des quatre équipes rescapées de l'AMH, seuls les Whalers de Hartford et les Oilers d'Edmonton accèdent aux séries.

L'année suivante, grâce à l'arrivée des frères Peter et Anton Stastny, et à l'acquisition de l'excellent gardien Daniel Bouchard des Flames de Calgary, les Fleurdelisés participent aux séries éliminatoires pour la première fois. Cependant, ils n'affrontent pas le Canadien. Ils perdent en première ronde contre les Flyers de Philadelphie, au terme d'une série âprement disputée.

Le moment de vérité arrive à la conclusion de la saison 1981-1982. Le Canadien est transféré dans la même division que les Nordiques et termine au premier rang de celle-ci, alors que les Fleurdelisés sont au quatrième rang. La nervosité est palpable chez les amateurs du Québec, car leurs deux équipes ont rendez-vous : elles s'affronteront en première ronde des séries éliminatoires.

À Montréal, on demeure confiant. Le Canadien a terminé la saison avec 27 points de plus que les Nordiques. Les Bleus sont perçus comme une équipe déterminée, mais beaucoup moins talentueuse.

Un journaliste soutient même que les Nordiques ne pourront gagner que si le Canadien accepte de jouer sans gardien ! « Une vraie farce se prépare dans cette série », déclare-t-il. Pour appuyer sa prédiction, il précise qu'en trois saisons, les Nordiques n'ont pas gagné une seule partie au Forum.

La donne ne change pas lors du premier match de la série à Montréal ; les Nordiques perdent 5 à 1. Mais ils brisent la glace en remportant la deuxième partie 3 à 2.

La série se transporte ensuite au Colisée. À cette époque, une équipe devait gagner trois matchs sur cinq pour remporter la première ronde des séries éliminatoires. Les Bleus gagnent le troisième match 2 à 1, grâce à deux buts de Dale Hunter. Pour la quatrième partie, Montréal sort les gros bras de Chris Nilan et de Jeff Brubaker, et obtient la victoire par la marque de 6 à 2.

La marmite bout. L'entraîneur des Nordiques, Michel Bergeron, déclare qu'il ne voudrait jamais de Jeff Brubaker comme fils. Ça tombe bien, réplique le joueur, il ne veut pas de Bergeron comme père !

Leur dispute suscite une avalanche de réactions dans les journaux et à la radio.

MICHEL BERGERON

Surnommé le « Tigre », Michel Bergeron est reconnu pour son tempérament fougueux et son sens du spectacle, qui allaient séduire les partisans des Nordiques et faire rager ceux du Canadien.

En 1980, Bergeron devient le premier entraîneur-chef de la LHJMQ à obtenir un poste similaire dans la LNH. Il a 34 ans. Il fait donc ses débuts dans la grande ligue au même âge que son idole, l'entraîneur Scotty Bowman.

La saison débute mal, mais Bergeron peut miser sur deux recrues exceptionnelles : Peter et Anton Stastny. Mais c'est l'acquisition du gardien des Flames de Calgary, Daniel Bouchard, qui vient tout changer. À son arrivée, Bergeron et les Nordiques présentent un dossier perdant de 11-26-13. Grâce au meilleur gardien de leur histoire, ils ne perdront que 6 de leurs 30 derniers matchs de la saison.

Les Nordiques ont connu de belles saisons avec l'entraîneur Michel Bergeron. En 1985-1986, ils ont terminé en tête de la division Adams, précédés seulement par Edmonton, Philadelphie et Washington au classement général. On voyait alors les Fleurdelisés comme des gagnants potentiels de la coupe

Stanley. Malheureusement, ils ne remporteront jamais le célèbre trophée.

La première collaboration de Michel Bergeron avec les Nordiques a pris fin le 18 juin 1987. Il fait alors l'objet d'une transaction avec les Rangers. Bergeron demeurera à New York pendant deux saisons. Après quoi la LNH crée un règlement interdisant les échanges d'entraîneurs entre organisations.

Le Tigre revient derrière le banc des Nordiques pour la saison 1989-1990, la pire campagne de l'histoire du club. Remercié par le nouveau directeur général, Pierre Pagé, il entreprend ensuite une longue carrière de commentateur à la télévision.

7

LE MOMENT DE VÉRITÉ

L'ultime confrontation entre les Bleus et les Rouges se joue au Forum le 13 avril 1982. Les Nordiques sont privés de leur meilleur atout, Peter Stastny, qui est blessé. Ce soir-là, la foule montre aux visiteurs son visage le plus hostile.

Québec prend rapidement les devants 2 à 0, mais Montréal égalise la marque en milieu de troisième période. L'intensité, déjà à couper au couteau en temps réglementaire, augmente encore d'un cran en prolongation. On retient son souffle au Forum. Il en faut si peu pour perdre…

Partout au Québec, les rues sont désertes. Rivés devant leurs écrans, tous les amateurs de hockey de la province sont impatients de connaître le dénouement de ce match historique.

Au tout début de la prolongation, Réal Cloutier et Dale Hunter foncent vers le filet défendu par le gardien du Canadien, Rick Wamsley. Cloutier contourne la cage et passe la rondelle à Hunter, qui la pousse… tout juste derrière la ligne rouge !

Un silence lourd règne au Forum. C'est la consternation. Puis, derrière le banc des Nordiques, l'émotion fuse. Les supporters des Fleurdelisés pleurent de joie. Le grand jour est enfin arrivé, les Nordiques ont vaincu le Canadien !

On considère ainsi le 13 avril 1982 comme la date de naissance officielle de la rivalité Canadien-Nordiques. Dale Hunter, en comptant le but vainqueur, est en quelque sorte celui qui a signé cet acte de naissance.

Excellent joueur de centre, Dale Hunter est surtout reconnu pour l'agressivité qu'il affiche au jeu, faisant trop souvent des écarts de conduite. Il a le don de susciter la colère des partisans des autres équipes.

Centre, 5'10", 198 lb, lance de la gauche. ▪ Né le 31 juillet 1960 à Petrolia (Ontario). ▪ **Clubs LNH :** Québec, Washington et Colorado. ▪ Choix de 2ᵉ ronde (41ᵉ au total) au repêchage amateur de 1979. ▪ Échangé à Washington le 13 juin 1987 avec Clint Malarchuk, contre Gaétan Duchesne, Alan Haworth et un choix de 1ʳᵉ ronde des Capitals au repêchage de 1987. ▪ **Numéro avec les Nordiques :** 32 (1980-1981 à 1986-1987).

STATISTIQUES AVEC LES NORDIQUES

Saison	Saison régulière					Éliminatoires				
Saison	PJ	B	A	Pts	Pén	PJ	B	A	Pts	Pén
1980-1981	80	19	44	63	226	5	4	2	6	34
1981-1982	80	22	50	72	272	16	3	7	10	52
1982-1983	80	17	46	63	206	4	2	1	3	24
1983-1984	77	24	55	79	232	9	2	3	5	41
1984-1985	80	20	52	72	209	17	4	6	10	97
1985-1986	80	28	42	70	265	3	0	0	0	15
1986-1987	46	10	29	39	135	13	1	7	8	56
Total LNH	**1407**	**323**	**697**	**1020**	**3565**	**186**	**42**	**76**	**118**	**727**
Nordiques	523	140	318	458	1545	67	16	26	42	319

Le 12 avril 1981, Dale Hunter inscrit son premier but en prolongation durant un match des séries éliminatoires. Il déjoue le gardien Pete Peeters des Flyers de Philadelphie, forçant ainsi la tenue d'un cinquième match dans la série.

Il a marqué trois buts en prolongation pour les Nordiques en séries éliminatoires, record qu'il partage avec Peter Stastny, sans oublier son fameux but du 13 avril 1982, qui a permis aux Fleurdelisés d'éliminer le Tricolore.

Après ce match fatidique, les Bleus ne sont plus les gentils voisins de Québec. Ils sont désormais l'adversaire numéro 1 du Canadien et de ses partisans. Et ils le resteront pendant encore 13 saisons.

Quand les joueurs des Nordiques reviennent à Québec cette nuit-là, il y a des milliers d'admirateurs à l'aéroport. C'est comme s'ils avaient gagné la coupe Stanley !

Un autre bain de foule les attend le lendemain, alors qu'ils quittent pour Boston. Ils remporteront la deuxième ronde contre les Bruins, mais perdront en finale de conférence contre les Islanders, qui remporteront leur troisième coupe Stanley consécutive.

Malgré la défaite finale, les Nordiques ressortent gagnants de cette série. Ils viennent de réaliser un exploit en éliminant une équipe aussi puissante que les « Glorieux », le surnom qu'on donne aux Canadiens.

Tous les espoirs deviennent possibles.

Une fois que les enfants et les adultes ont enlevé et rangé leur équipement, ils se précipitent au sous-sol de la maison, où les premiers invités jasent de l'année qui nous quitte et de celle qui vient.

Jean-Paul, le beau-frère de Maurice, est un supporter inconditionnel du Canadien. Il ne met pas longtemps à le taquiner.

— J'espère, le beau-frère, que tu as raconté aux jeunes comment ton Dale Hunter a été la cause d'une bagarre générale le jour du Vendredi saint ! dit-il à Maurice. En plus, ce n'était pas sa première bêtise, ni sa dernière...

Maurice respire profondément, mais il sent la moutarde lui monter au nez. S'il réplique à Jean-Paul, il sait que d'autres invités s'en mêleront et il ne tient pas à gâcher la fête.

Dans certaines familles, la rivalité entre Montréal et Québec se transforme parfois en un sujet de discorde. Une parole de trop, et un beau réveillon peut se terminer dans la pagaille...

8

UN MATCH DE TROP

Au début des années 1980, les parties de hockey les plus suivies au Québec se disputent entre le Canadien et les Nordiques. La plus inoubliable reste malheureusement celle du Vendredi saint, le 20 avril 1984. Si elle porte ce nom, c'est qu'elle a eu lieu pendant le congé de Pâques.

Cette partie était la sixième et dernière de la ronde éliminatoire qui opposait Montréal et Québec au printemps 1984. L'explosion de violence à laquelle les spectateurs ont assisté ce soir-là était prévisible... mais, bien sûr, rien ne peut l'excuser.

La bagarre a débuté alors que la sirène annonçait le deuxième entracte. Elle s'est poursuivie au début de la troisième période. Les officiels ont dû donner 198 minutes de pénalité et expulser 10 joueurs. Tous les patineurs se battaient ou cherchaient un opposant.

Comment en sont-ils arrivés là?

Déjà, au cours de la saison, le niveau d'agressivité avait augmenté peu à peu entre les deux équipes. Les Bleus et les Rouges étaient allés chercher des hommes forts: Québec avait obtenu Jimmy Mann des Jets de Winnipeg, tandis que les Rouges, à la surprise générale, avaient embauché un inconnu, Normand Baron. Il ne portera le chandail du Tricolore que pour sept matchs, dont trois pendant les séries.

Les Nordiques avaient connu une bonne saison. Plusieurs analystes les considéraient comme étant parmi les favoris pour gagner la coupe Stanley.

Les premières rencontres de la série éliminatoire sont particulièrement violentes, et le Canadien parvient à prendre les devants. Le club de Québec mise gros sur le sixième match, qui se déroule au Forum. S'il gagne, une septième partie contre le Canadien aura lieu au Colisée.

La marmite déborde à la fin de la deuxième période. Alors que Guy Carbonneau et Dale Hunter viennent tout juste de mettre fin à leur dispute, Chris Nilan, du Canadien, frappe Randy Moller par-derrière d'un crochet de la gauche. Le coup sournois de Nilan met le feu aux poudres, mais, par la suite, les supporters du Canadien accuseront Hunter d'avoir été responsable de la bagarre.

Mario Tremblay fracture le nez de Peter Stastny. Stastny explose de colère. Sa réaction lui vaut l'expulsion immédiate, tandis que Tremblay reste sur la patinoire. Le défenseur des Glorieux Jean Hamel est terrassé à son tour par un solide coup de poing de Louis Sleigher, un ailier des Nordiques. Fatigués, tous les joueurs retournent finalement vers le vestiaire.

Pendant l'entracte, l'arbitre Bruce Hood et ses deux adjoints départagent les punitions. Une grande confusion règne dans les coulisses du Forum ; les arbitres ne parviennent pas à ordonner aux joueurs déjà expulsés de rester dans leurs vestiaires. Par conséquent, quand les deux équipes reviennent sur la glace, d'autres combats éclatent.

À la suite de cette mêlée générale, les conséquences sont plus graves pour les Nordiques que
pour le Canadien. Ils perdent leurs deux premiers
centres, Peter Stastny et Dale Hunter; l'un de
leurs meilleurs défenseurs, Randy Moller; le ba-
tailleur Wally Weir; et le gardien substitut Clint
Malarchuk.

De son côté, le Canadien est privé de Mark Hunter,
de Mike McPhee, du dur à cuire Chris Nilan, de
Mario Tremblay et du gardien réserviste Richard
Sévigny, sans oublier Jean Hamel, qui a dû quitter
le match après le coup de poing de Sleigher.

Une fois la pression retombée en troisième période,
Montréal comble un retard de deux buts et remporte le match 5 à 3, éliminant ainsi les Nordiques.

L'entraîneur Michel Bergeron pique toute une colère après la défaite. Une de ses déclarations est
publiée dans le *Journal de Montréal* et le *Journal
de Québec*: « Je tiens à féliciter l'organisation, les
joueurs, Serge Savard (le directeur général du Canadien), Ronald Corey (le président du Tricolore).

Mais lui... » Il parle alors de Jacques Lemaire, l'entraîneur du Canadien. « Lui, je ne veux pas le nommer. Il passe pour un ange, et moi, pour le *coach* agressif. C'est lui qui est responsable de tout ce dégât. »

Lemaire réplique : « J'ai eu peur, très peur, car les Nordiques voulaient s'en prendre à mes défenseurs. » Le lendemain, Bergeron dira qu'à cause de la grande rivalité qui oppose son équipe au Canadien, il craint pour l'avenir.

La rivalité demeurera bien vivante durant les années qui suivront, mais les Nordiques et le Canadien n'atteindront plus jamais le triste niveau de folie qui a régné ce soir du 20 avril 1984.

D'ailleurs, même les arbitres en feront les frais : Bruce Hood dirigera un seul autre match, puis la direction de la LNH l'obligera à prendre sa retraite, malgré son expérience et sa compétence.

Même si cette bagarre a eu de tristes conséquences, elle a aidé les organisations, les joueurs, les journalistes et des milliers d'amateurs de sport à condamner les excès de violence sur la glace. Il ne s'agissait pas de la première bagarre générale dans l'histoire du hockey, loin de là. Il était temps pour les équipes de réfléchir à leurs actes.

Aujourd'hui, ces bagarres générales ne se produisent presque plus dans le hockey, et c'est tant mieux !

***

Si ce Vendredi saint de 1984 est le jour le plus sombre de la rivalité Canadien-Nordiques, la deuxième ronde éliminatoire du printemps de 1985 s'inscrit parmi les meilleurs moments impliquant ces deux organisations. À tout le moins, pour les partisans des Fleurdelisés.

Les Nordiques remportent trois des quatre parties sur la patinoire du Canadien. Lors du sixième match de la série, ils ratent leur chance d'éliminer le Tricolore sur la glace du Colisée. Ils devront se reprendre lors de la septième rencontre, au Forum.

Il faut attendre la prolongation pour que le sort des équipes soit joué. Peter Stastny remporte la mise au jeu dans le cercle à la droite du gardien du Canadien, Steve Penney. La rondelle revient au défenseur des Nordiques, Pat Price, qui la redirige vers Penney. Cette fois-ci, du talon de son bâton, Stastny marque et procure l'ultime victoire aux siens.

Un silence funeste enveloppe le Forum. Dans le camp des Nordiques, c'est une autre histoire. Les partisans sont fous de joie !

C'est un triomphe mémorable. Jean Drapeau, le maire de Montréal, perd le pari amical qu'il avait fait avec le maire de Québec, Jean Pelletier. Il doit donc hisser le drapeau de la Vieille Capitale au mât de l'hôtel de ville de Montréal.

Après cette victoire, les Fleurdelisés perdent en finale de conférence, contre les Flyers de Philadelphie. Les amateurs n'auront donc pas le plaisir d'assister à une finale spectaculaire contre les puissants Oilers d'Edmonton et leur joueur étoile, Wayne Gretzky...

Tout en s'amusant à la fête de famille, les enfants écoutent la conversation entre Maurice, le partisan des Nordiques, et Jean-Paul, son ennemi juré dans la famille, grand partisan du Canadien de Montréal. Le ton monte, et Maurice parvient difficilement à maîtriser ses émotions.

— Ils ne seront jamais d'accord, Thierry, dit Pierre-Olivier. Ça devait être amusant, dans ce temps-là, de suivre deux équipes comme les Nordiques et le Canadien ! Toi et moi, on déteste tous les deux les Bruins de Boston, alors nous sommes d'accord, rigole le garçon.

Moqueur, Pierre-Olivier pose aux deux hommes la question qu'il a souvent entendue et qui va les enflammer de nouveau :

— Maurice, Jean-Paul, est-ce que le but d'Alain Côté était bon ? leur demande-t-il.

Et voilà ! Ça repart entre Maurice et Jean-Paul.

— *Oui ! proclame le premier, la main sur le cœur.*

— *Non ! réplique le deuxième, un sourire arrogant au visage.*

9

LE BUT D'ALAIN CÔTÉ
ÉTAIT-IL BON ?

L'ailier Alain Côté a marqué l'histoire des Nordiques par l'excellence de son jeu défensif. Aucun joueur n'a porté aussi longtemps que lui l'uniforme du club. AMH et LNH confondues, il a enfilé le chandail fleurdelisé pendant 12 saisons.

Il est toutefois passé à l'histoire à cause d'un but qui lui a été refusé, au cours d'une ronde éliminatoire contre le Canadien. Cette décision de l'arbitre Kerry Fraser n'a jamais été oubliée, même après la fin des Nordiques. Lorsque des gens parlent d'une quelconque décision controversée au hockey, le but d'Alain Côté revient immanquablement animer leurs discussions. Il est ainsi à l'origine d'une blague de longue date entre les amateurs.

Le 28 avril 1987, Québec affronte Montréal au Forum, dans le cinquième match de la finale de la division Adams. La série est égale 2 à 2, tout comme la partie. Il ne reste plus que trois minutes à jouer. Alain Côté déjoue le gardien Brian Hayward, du Canadien. Le gardien ne peut réagir ; au même moment, il entre en collision avec le centre des Nordiques, Paul Gillis, et son coéquipier Mats Naslund.

Kerry Fraser, l'arbitre, annule aussitôt le but. Il soutient que Naslund a été poussé par Paul Gillis, des Nordiques, et il pénalise les deux joueurs. Dans les faits, c'est Naslund qui a poussé Gillis vers son gardien, et l'attaquant des Fleurdelisés n'a pu l'éviter. Si Fraser avait accepté le but de Côté, les Bleus auraient pris une avance de 3 à 2 dans la partie. S'ils avaient maintenu cette avance, ils seraient retournés à Québec pour le sixième match et auraient eu la chance d'éliminer le Canadien au Colisée.

Alain Côté aurait pu exercer une grande influence sur le résultat de cette cinquième partie. Il avait déjà marqué un but dans la première période, en plus de récolter une passe sur le deuxième but des Nordiques.

Mais sitôt le but refusé à Côté, le Tricolore compte, ce qui lui permet de remporter le cinquième match. Montréal perdra la rencontre suivante à Québec par la marque de 3 à 2, mais triomphera au compte de 5 à 3 dans le dernier duel de la série.

***

Même si l'incident remonte à une trentaine d'années, on demande encore à Alain Côté, presque tous les jours, si son but était bon.

« J'ai connu des moments difficiles car je ne voulais plus en entendre parler, raconte Alain aux journalistes. Ça me choquait. Aujourd'hui, je comprends, et j'accepte de répondre à la question avec le sourire. Peut-être qu'on va inscrire sur ma pierre tombale que je suis le joueur des Nordiques à qui l'arbitre Fraser a refusé un but important », dit-il en éclatant de rire.

Alain Côté, Kerry Fraser et l'entraîneur Michel Bergeron se sont revus souvent par la suite. Ils ne ressentent plus d'amertume, mais ils restent campés sur leurs positions.

Selon Côté et son entraîneur, oui, le but était bon. L'arbitre, pour sa part, demeure convaincu d'avoir pris la bonne décision.

Le résultat, lui, ne changera jamais. La question «Le but d'Alain Côté était-il bon?» appartiendra à tout jamais au folklore de la rivalité Canadien-Nordiques.

Quant à Côté, surnommé le «bœuf de Matane» à cause de sa force physique et de sa ville natale, il a laissé un bon souvenir à tous ceux qui ont eu la chance de le côtoyer chez les Nordiques. Durant les périodes plus sombres, lorsque les joueurs fuyaient les journalistes après les défaites, Alain les rencontrait dans le vestiaire et répondait patiemment à leurs questions.

Il a pris sa retraite le 31 août 1989 et s'est lancé en affaires à Québec.

Ailier gauche, 5'10", 203 lb, lance de la gauche. ▪ Né le 3 mai 1957 à Matane (Québec). ▪ Choix de 5ᵉ ronde (47ᵉ au total) au repêchage amateur de 1977. ▪ Réclamé par Montréal le 9 juin 1979 avant le repêchage d'expansion de la LNH. ▪ Réclamé de Montréal au repêchage d'expansion de la LNH le 13 juin 1979. ▪ **Numéros avec les Nordiques :** 26 (1977-1978) et 19 (1978-1979 à 1988-1989).

STATISTIQUES AVEC LES NORDIQUES

Saison	Saison régulière					Éliminatoires				
	PJ	B	A	Pts	Pén	PJ	B	A	Pts	Pén
1977-1978	27	3	5	8	8	11	1	2	3	0
1978-1979	79	14	13	27	23	4	0	0	0	2
1979-1980	41	5	11	16	13	-	-	-	-	-
1980-1981	51	8	18	26	64	4	0	0	0	6
1981-1982	79	15	16	31	82	16	1	2	3	8
1982-1983	79	12	28	40	45	4	0	3	3	0
1983-1984	77	19	24	43	41	9	0	2	2	17
1984-1985	80	13	22	35	31	18	5	5	10	11
1985-1986	78	13	21	34	29	3	1	0	1	0
1986-1987	80	12	24	36	38	13	2	3	5	2
1987-1988	76	4	18	22	26	-	-	-	-	-
1988-1989	55	2	8	10	14	-	-	-	-	-
Total AMH	**106**	**17**	**18**	**35**	**31**	**15**	**1**	**2**	**3**	**2**
Nordiques	106	17	18	35	31	15	1	2	3	2
Total LNH	**696**	**103**	**190**	**293**	**383**	**67**	**9**	**15**	**24**	**44**
Nordiques	696	103	190	293	383	67	9	15	24	44

Alain Côté bat un record d'équipe le 1ᵉʳ avril 1982 en inscrivant trois buts en seulement 2 minutes 17 secondes, en première période d'un match contre les Bruins de Boston. Le gardien Rogatien Vachon, qui a été déjoué trois fois en si peu de temps, se souviendra longtemps de ce « poisson d'avril » !

Thierry, Pierre-Olivier et Anna-Ève se demandent s'ils ne devraient pas encourager chacun une équipe de hockey, afin de créer une rivalité. Ils sont étonnés par les histoires qu'ils entendent à propos de l'opposition qui existait entre les Nordiques et le Canadien.

— Qui parmi vous voudrait prendre pour les Bruins de Boston à la place du Canadien ? demande la jeune fille.

Personne ne se manifeste.

— L'Avalanche du Colorado ? propose timidement Thierry.

Pas de réponse.

— Alors, les Penguins de Pittsburgh ? lance P.-O. sans trouver preneur, malgré l'attrait de Sidney Crosby.

— Si les supporters des Nordiques et du Canadien se disputaient continuellement, c'est parce qu'ils occupaient le même territoire, croit Thierry.

— Pas toujours! corrige Jean-Paul à l'étonnement de tous. Eric Lindros, vous le connaissez? Il a refusé de jouer pour les Nordiques. Il ne voulait rien savoir du Québec et des francophones. Pour une fois, j'étais entièrement d'accord avec Maurice. Eric Lindros, on le détestait autant à Montréal qu'à Québec!

10

ERIC LINDROS HUMILIE QUÉBEC

Exclus des séries éliminatoires de 1988 à 1992, les Nordiques terminent au dernier rang de la LNH trois saisons de suite, ce qui signifie, selon les règles de l'époque, qu'ils obtiennent chaque fois le premier choix au repêchage.

C'est ainsi que Mats Sundin (en 1989), Owen Nolan (en 1990) et Eric Lindros (en 1991) sont invités à porter les couleurs de l'équipe. Sundin et Nolan répondent à l'appel. Mais pas Lindros.

Pourtant, la ville de Québec ne demande qu'à l'accueillir à bras ouverts. Hostile, il répond qu'il ne jouera pas dans un si petit marché. On le soupçonne aussi de ne pas vouloir vivre en milieu francophone, lui, la vedette montante de l'Ontario. Ses parents, Bonnie et Carl, appuient son choix.

C'est dans cette tourmente que le joueur étoile Guy Lafleur, une idole au Québec, dispute sa dernière saison au sein des Nordiques. L'ancienne gloire des Remparts, venue terminer sa carrière dans la LNH à Québec, ne porte pas le jeune Lindros en haute estime.

En plus d'avoir à subir l'humiliation du refus de Lindros, les Nordiques se retrouvent au cœur d'une autre controverse. Certains les accusent d'avoir pris la saison 1990-1991 à la légère et d'avoir terminé volontairement au dernier rang de la ligue afin d'obtenir le premier choix au repêchage.

Le 21 mars 1991, une partie nulle (3 à 3) à Boston confirme la dernière place des Nordiques au classement des équipes. Personne ne peut accuser le gardien Ron Tugnutt, des Fleurdelisés, d'avoir triché ce jour-là. Il repousse 70 lancers dans ce match ! C'est une performance exceptionnelle qui, au son de la sirène, lui vaut même des félicitations de la part des joueurs des Bruins.

Avec une fiche de 16-50-14 et 46 points, les Nordiques obtiennent donc le premier choix au repêchage. Mais une décision de la LNH vient changer la donne. La ligue intègre une nouvelle équipe pour la saison 1991-1992, les Sharks de San Jose. Malchance pour Québec : la nouvelle équipe espère aussi parler au premier rang, puisque c'est comme ça que les choses se passent d'habitude pour les équipes d'expansion.

Heureusement, Marcel Aubut se bat pour protéger ses droits et réussit à conserver le premier choix. Mais cela causera beaucoup de tort aux Nordiques.

Surnommé « The Next One » (le prochain grand joueur), un clin d'œil au surnom « The Great One » de Wayne Gretzky, Lindros éblouit presque tous les dépisteurs par sa charpente de 6 pieds et 4 pouces, ainsi que par son talent.

Des rivaux des Nordiques complotent en coulisses pour le sortir de Québec. Bobby Clarke, alors directeur général des Flyers de Philadelphie, déclare même que Lindros aurait pu jouer dans la LNH dès l'âge de 16 ans.

Marcel Aubut est convaincu que ce colossal joueur de centre apportera la coupe Stanley à Québec. Selon ce scénario, il sera plus aisé, par la suite, d'y faire construire un nouvel amphithéâtre. (Pourtant, de toutes les équipes pour lesquelles jouera Lindros, que ce soit Philadelphie, New York, Toronto ou Dallas, aucune ne gagnera la coupe Stanley en sa présence.)

Les Nordiques offrent donc à Lindros 55 millions de dollars pour 10 ans. « Je ne jouerais même pas à Québec pour 100 millions par année », déclare-t-il au journaliste Claude Allaire, du *Journal de Québec*.

Pourquoi refuse-t-il si obstinément de se joindre aux Nordiques ? Lindros soutient qu'il passerait sous le radar des grandes entreprises et que plusieurs contrats publicitaires lui échapperaient s'il jouait au hockey dans un petit marché comme Québec.

Malgré les circonstances, Lindros reçoit une invitation à la Coupe Canada 1991, un tournoi prestigieux regroupant les six meilleures équipes nationales de hockey. On lui offre un poste dans l'équipe canadienne alors qu'il n'a même jamais joué un seul match dans la LNH! Du jamais vu!

Au Forum, lors du tournoi, les partisans du Canadien le huent copieusement. À Québec, ceux des Nordiques se gardent une réserve, car ils espèrent que le destin forcera Lindros à changer d'idée.

Pour sa part, Marcel Aubut jure de lui faire respecter les règles établies. Selon ces règles, un joueur doit évoluer pour l'équipe qui l'a repêché.

Lindros et sa famille restent catégoriques. Ils se disent prêts à attendre deux ans s'il le faut afin que l'Ontarien redevienne admissible au repêchage. Bouillant de colère, ils exigent que les Nordiques échangent immédiatement fiston. Mais ces derniers ne bougent pas.

Lindros, lui, maintiendra sa position et n'endossera jamais, ne serait-ce que pour quelques minutes, le chandail des Bleus. Entêté, il préfère retourner dans son club junior, les Generals d'Oshawa.

Le Comité olympique canadien invite Lindros à participer aux Jeux d'hiver de 1992 à Albertville, en France. L'équipe de hockey canadienne remporte la médaille d'argent.

Les Nordiques se sentent trahis par les dirigeants de Hockey Canada. Ils estiment que jamais le Comité olympique ou la LNH n'auraient affiché une telle tolérance envers Lindros si ce dernier avait refusé d'évoluer pour une autre équipe.

Les Nordiques souhaitent faire payer à Lindros le prix de son refus, en attendant le plus longtemps possible avant de l'échanger. Mais tôt ou tard, il faudra bien qu'une transaction ait lieu, pour le bien des Nordiques et de la LNH.

L'ÉCHANGE D'ERIC LINDROS

Le repêchage de 1992 a lieu à Montréal. Les Nordiques canalisent toute l'attention. Non pas à cause des joueurs qu'ils sélectionneront, mais parce qu'ils détiennent toujours les droits sur l'athlète le plus convoité de la ligue, Eric Lindros.

Le président Marcel Aubut et le directeur général Pierre Pagé connaissent la valeur de leur recrue. Ils se montreront très gourmands dans leurs négociations avec les équipes qui ont les moyens de faire une offre.

Les discussions se déroulent dans un hôtel du centre-ville. Les acheteurs potentiels se présentent dans les deux suites occupées par les Nordiques. Les journalistes ne savent plus où donner de la tête, craignant que la primeur ne leur passe sous le nez.

Selon les rumeurs, Lindros ira tantôt à Detroit, tantôt au New Jersey, à Philadelphie, à Calgary ou même à New York, chez les Rangers. Qui dit vrai?

Le président des Nordiques tente un dernier grand coup avant de s'engager dans le sprint final des négociations concernant Lindros. Il organise une conférence de presse, durant laquelle il réclame l'aide financière du gouvernement pour la construction d'un nouvel amphithéâtre à Québec. Aubut essuie la même réponse que par le passé: un «non» catégorique.

Pour le président, l'heure a sonné: il est maintenant temps d'échanger Lindros et de mettre ses énergies ailleurs. Il souhaite rebâtir son équipe, qui manque alors cruellement de joueurs talentueux.

Le 20 juin 1992, les Nordiques annoncent qu'ils ont conclu la transaction. Un problème se pose toutefois: deux équipes affirment avoir acquis Lindros! Les Rangers de New York et les Flyers de Philadelphie soutiennent, chacun de leur côté, avoir obtenu l'accord de Marcel Aubut et de Pierre Pagé.

Comme si Lindros n'avait pas causé assez de problèmes, une nouvelle mésentente éclate. Larry Bertuzzi, un négociateur (ce qu'on appelle aussi un arbitre dans le monde du travail), dénouera le conflit à la demande de la LNH.

Le 30 juin 1992, Bertuzzi tranche en faveur des Flyers. Un tout petit détail permet de couronner les vainqueurs : Ed Snider, le propriétaire des Flyers, affirme avoir discuté avec Lindros. Marcel Aubut avait déclaré que personne ne communiquerait avec le jeune joueur avant que la transaction ne soit conclue...

Devant ce verdict, les Rangers sont amers. Selon la rumeur, ils avaient offert aux Nordiques le gardien John Vanbiesbrouck ou Mike Richter ou le défenseur Craig Patrick, les attaquants Tony Amonte, Alex Kovalev et Doug Weight, ainsi que trois choix de première ronde.

Grâce à l'entente conclue avec les Flyers, les Nordiques mettent la main sur le gardien Ron Hextall, les défenseurs Steve Duchesne et Kerry Huffman, les attaquants Mike Ricci, Peter Forsberg et Chris Simon, le premier choix des Flyers en 1993 et en 1994, ainsi que 15 millions de dollars américains. Cet échange fait la manchette partout dans le monde du hockey.

Le club de Québec en sort donc gagnant. Chris Simon est un solide bagarreur et marquera plusieurs buts ; Duchesne, malgré son caractère capricieux, est un athlète talentueux ; Ricci se révèle un courageux joueur de centre, qui accomplira de belles performances.

L'acquisition la plus précieuse se révèle toutefois le centre suédois Peter Forsberg. Ce joueur est admis au Temple de la renommée du hockey en 2014.

Forsberg ne se joindra aux Nordiques qu'en 1994-1995, mais la formation de 1992-1993 des Fleurdelisés ressort déjà transformée de l'échange avec les Flyers. Elle récolte deux fois plus de points au classement que la saison précédente (104 contre 52), un nouveau record dans la LNH pour la plus forte augmentation entre deux saisons.

Encore de nos jours, de nombreux experts affirment sans hésiter qu'un échange impliquant uniquement Forsberg et Lindros aurait avantagé Québec. Ce qu'a toujours nié le dépisteur Simon Nolet, des Flyers : « Lindros était le joueur le plus désiré depuis la retraite de Gretzky. »

Lindros n'est pas devenu un mauvais joueur, loin de là. Mais il ne répondra jamais aux attentes placées en lui. Le propriétaire des Flyers, Ed Snider, ira d'une déclaration percutante : « Il demeure à ce jour, et il le restera sans doute, le pire échange que nous ayons fait dans toute notre histoire. »

En plus des nouveaux venus, les Nordiques peuvent compter sur plusieurs jeunes joueurs talentueux, dont le plus remarquable est le capitaine de l'équipe, Joe Sakic.

Selon plusieurs experts, Peter Stastny s'impose comme le meilleur joueur des Nordiques de tous les temps. Joe Sakic, en revanche, est l'as incontesté de l'histoire de la franchise.

Centre, 5'11", 185 lb, lance de la gauche. ▪ Né le 7 juillet 1969 à Burnaby (Colombie-Britannique). ▪ **Clubs LNH :** Québec et Colorado. ▪ Choix de 1re ronde (15e au total) au repêchage amateur de 1987. ▪ **Numéros avec les Nordiques :** 88 (1988-1989) et 19 (1989-1990 à 1994-1995).

STATISTIQUES AVEC LES NORDIQUES

Saison	Saison régulière					Éliminatoires				
	PJ	B	A	Pts	Pén	PJ	B	A	Pts	Pén
1988-1989	70	23	39	62	24	-	-	-	-	-
1989-1990	80	39	63	102	27	-	-	-	-	-
1990-1991	80	48	61	109	24	-	-	-	-	-
1991-1992	69	29	65	94	20	-	-	-	-	-
1992-1993	78	48	57	105	40	6	3	3	6	2
1993-1994	84	28	64	92	18	-	-	-	-	-
1994-1995	47	19	43	62	30	6	4	1	5	0
Total LNH	**1378**	**625**	**1016**	**1641**	**614**	**172**	**84**	**104**	**188**	**78**
Nordiques	508	234	392	626	183	12	7	4	11	2

Malgré tous ses efforts, Joe Sakic n'a jamais réussi à marquer 50 buts dans une même saison avec les Nordiques, terminant avec 48 en 1990-1991 et en 1992-1993. Il s'agit toutefois d'un sommet pour un centre des Fleurdelisés dans la LNH.

Redoutable marqueur, excellent en défensive, profitant de l'un des meilleurs tirs du revers de la ligue, Sakic a largement contribué par ses performances à deux conquêtes de la coupe Stanley par l'Avalanche (1996 et 2001), après la fin des Nordiques. Le Temple de la renommée du hockey lui a ouvert ses portes en novembre 2012.

Malgré le talent des joueurs des Fleurdelisés, Montréal éliminera Québec en première ronde des séries en 1992-1993, avant de remporter la 24ᵉ coupe Stanley de son histoire. Le Tricolore avait pourtant perdu les deux premières parties à Québec, avant de remporter quatre matchs d'affilée, guidé par son gardien Patrick Roy.

Les Nordiques, eux, ne gagneront jamais la coupe Stanley. Ils ne disputeront que 15 rondes en séries éliminatoires durant leurs 16 années d'existence, et n'en remporteront que 6.

Les Nordiques manquent cruellement d'expérience et sont exclus des séries en 1993-1994, dernière saison où Pierre Pagé est à la barre du club. Il sera remplacé par le directeur général Pierre Lacroix et l'entraîneur Marc Crawford.

Mais les jours des Nordiques sont comptés...

À force de discuter de hockey, la passion de tous, le temps file. Dans quelques minutes, le match va débuter à la télévision. Thierry, Anna-Ève et Pierre-Olivier ainsi que plusieurs membres de leurs familles se rangeront derrière le Canadien qui, en cette veille du Jour de l'An, affronte les Bruins de Boston.

— Oncle Maurice, tu encourages le Canadien ce soir. On ne te laisse pas le choix, lui lance Pierre-Olivier dans un éclat de rire.

— Pas question, jeune homme ! réplique son oncle Maurice en riant à son tour.

— Allez, un effort, juste pour une fois, insiste Anna-Ève.

— Disons que je vais rester neutre… concède Maurice.

Au fond de son âme, il sait fort bien qu'il se réjouira de chacun des buts des Bruins et qu'il fera semblant d'apprécier le jeu des Glorieux. « Pourquoi suis-je donc incapable d'appuyer le Canadien ? » se demande-t-il.

Il se rappelle avoir lu dans le journal que l'acteur Patrice Robitaille, qui a joué l'ancien capitaine du Canadien Émile « Butch » Bouchard dans le film Maurice Richard, a porté tout au long du tournage un t-shirt des Nordiques sous son chandail des Glorieux.

« Au moins, je ne suis pas seul à penser ainsi », se console Maurice.

12

UN DÉPART INÉVITABLE

La dernière saison des Nordiques résume bien leur histoire, parsemée de moments de gloire et de moments d'échec.

Les séries de 1995 s'annoncent longues et passionnantes pour les Québécois. Après avoir terminé en tête de la division Nord-Est, les Nordiques sont au deuxième rang dans la LNH derrière Detroit. Plusieurs s'attendent à ce qu'ils remportent la coupe Stanley.

Malheureusement, les Fleurdelisés s'inclinent dès la première ronde contre les Rangers, qui ont pourtant 18 points de moins qu'eux au classement. Cette défaite sera leur dernière présence sur la patinoire.

Pourquoi l'aventure de l'équipe prend-elle fin en 1995? Ses dirigeants ont pourtant pris des décisions audacieuses pour assurer sa survie. L'organisation compte aussi sur un solide noyau de partisans passionnés.

Les Nordiques sont en fait des victimes du premier lock-out de la LNH, survenu en 1994-1995. Ce conflit, qui opposait les joueurs de la LNH à la direction de la ligue, est l'une des raisons majeures de la vente des Nordiques et de leur déménagement à Denver, au Colorado.

Ce sont les propriétaires des équipes de la LNH qui ont exigé cet arrêt de travail (tandis qu'une grève aurait été déclenchée par les joueurs). Il a duré 103 jours et a raccourci le calendrier de la saison, qui ne comptait dès lors que 48 parties.

Appuyés par d'autres organisations, les Fleurdelisés ont pourtant bataillé ferme pour l'adoption d'un plafond salarial, une mesure qui visait à réduire l'écart entre les équipes riches et les équipes de moindres moyens. Avec le plafond salarial venait aussi l'obligation de respecter un plancher salarial (une somme minimale devant être dépensée en salaires). Tout cela dans le but d'assurer une certaine équité entre les équipes.

D'autres propriétaires préféraient cependant que les activités reprennent sans qu'on adopte un plafond salarial, car ils bâtissaient de nouveaux amphithéâtres et voulaient entendre tout de suite l'argent résonner dans la caisse.

Quant aux joueurs, ils étaient évidemment opposés à tout ce qui viendrait limiter leurs salaires. Ils ont tenu bon et ont réussi à faire plier les dirigeants de la ligue, qui ont mis fin au lock-out le 13 janvier 1995.

Les plus riches ont refusé d'aider les moins bien nantis...

Dans les semaines qui ont suivi la fin du lock-out en 1995, le commissaire de la LNH Gary Bettman a affirmé que les villes incapables de construire un amphithéâtre répondant aux nouvelles normes de la ligue perdront leurs équipes.

À Québec et à Winnipeg, on redoute le départ des Nordiques et des Jets. Aux États-Unis, les Whalers de Hartford vivent la même angoisse.

À cette époque, les Nordiques appartiennent à la papetière Daishowa, à la compagnie d'assurances La Capitale, aux épiceries Métro-Richelieu, au Fonds de solidarité de la FTQ, à la société de placement Autil Inc. et à la brasserie O'Keefe.

Il y a longtemps qu'on sait qu'un nouveau Colisée est nécessaire pour la survie des Nordiques. On en jasait déjà dans les années 1980! Pendant plusieurs années, Marcel Aubut et les autres propriétaires ont essayé de convaincre le maire de l'époque, Jean-Paul L'Allier, et le gouvernement du Québec de doter la ville d'une construction plus moderne. Au fil des ans, ils ont toujours reçu la même réponse : « non. »

Marcel Aubut a même proposé la construction d'un casino dont les revenus, générés par le jeu, financeraient l'équipe. Son idée a été rejetée. D'autres villes l'ont essayée, sans grand succès.

Les propriétaires des Nordiques comprennent finalement qu'ils ne sauveront pas leur équipe. Ils ordonnent à Aubut de la mettre en vente, au grand regret de ce dernier.

Ce moment difficile rappelle à Marcel Aubut que sept ans plus tôt, ces mêmes propriétaires étaient parvenus à empêcher la vente de leur équipe à des intérêts étrangers. Aubut possédait alors un droit de préemption, c'est-à-dire qu'il avait 30 jours pour égaler l'offre de l'acheteur mystérieux. Plus tard, on apprendra qu'il s'agissait de l'Américain Harry Ornest, qui avait auparavant acheté les Blues de St. Louis pour les revendre à profit.

En 1988, Aubut avait donc réussi à sauver son équipe. Débordant d'enthousiasme, il avait fait quelques déclarations enflammées :

« À partir de maintenant, il n'existe aucune équipe dans la Ligue nationale qui appartienne autant à son milieu, qui n'ait autant de racines profondes que les Nordiques. »

« Les Nordiques sont à Québec pour toujours. »

Ces affirmations lui seront remises sous le nez au moment du départ des Nordiques en 1995.

Marcel Aubut a bien tenté un dernier sprint de négociations auprès du gouvernement du Québec. Le premier ministre Jacques Parizeau a même proposé d'acheter les parts d'Aubut et celles de son partenaire, Marcel Dutil. Mais ils ont refusé l'offre de Parizeau. S'ils avaient accepté, c'est le gouvernement qui aurait empoché les profits en cas de vente de l'équipe.

Le 25 mai 1995, à l'hôtel Loews Concorde de Québec, Marcel Aubut, des trémolos dans la voix, annonce que les Nordiques ont finalement été vendus au groupe américain Comsat Video, pour 75 millions de dollars américains.

La troupe déménagera à Denver, au Colorado, et s'appellera dorénavant l'Avalanche.

Aubut et ses associés ne pouvaient refuser cette offre. La population de Québec, affligée, considère alors le sauveur de 1988 comme un traître. Mais ces accusations se dissipent rapidement et deviennent des paroles sans conséquence.

Le mois suivant, la vente est approuvée par tous les clubs de la LNH, sauf le Canadien. L'équipe montréalaise s'abstient de voter, un geste de courtoisie envers son grand rival.

Québec pleure ses Nordiques et le hockey de la LNH, la seule ligue de sport professionnelle majeure à avoir eu pignon sur rue dans la ville. Le Canadien regrettera cet adversaire, qui le forçait constamment à se surpasser.

Les joueurs et les entraîneurs francophones perdent l'équipe qui a toujours été prête à leur offrir une première chance.

En définitive, tous ressortent perdants du départ des Nordiques.

— Ce que j'ai pu lui en vouloir à ce Marcel Au-but, confie Maurice. Je perdais l'équipe que j'ai-mais tant. Les partisans du Canadien qui me connaissaient m'ont remis la vente sous le nez pendant tellement longtemps... J'ai finalement compris que les Nordiques ne pouvaient survivre dans un édifice vieux de plus de 40 ans et aussi peu équipé technologiquement. Maintenant qu'elle possède un nouvel amphithéâtre, Québec mérite une équipe dans la LNH!

ÉPILOGUE

LE RETOUR

Pendant des années, les amateurs de hockey de la ville de Québec ont renoncé à rêver au retour des Nordiques dans la Vieille Capitale.

Le Canadien, occupant toute la place, est ainsi devenu l'équipe du Québec. Il est parvenu à augmenter son bassin de partisans, gagnant ceux de la capitale et de l'est de la province. D'anciens supporters des Nordiques se sont graduellement rangés derrière l'équipe montréalaise.

D'autres admirateurs des Fleurdelisés sont plutôt devenus les partisans des 29 organisations affrontant le Tricolore. Certains ont donné leur appui aux Bruins de Boston, aux Flyers de Philadelphie ou à l'Avalanche du Colorado. D'autres ont même perdu tout intérêt pour le hockey professionnel.

Le rêve du retour des Nordiques a repris de la vigueur en 2007 quand le maire Régis Labeaume a été élu à la mairie de Québec. Cet homme a travaillé d'arrache-pied pour réaliser le projet de construction d'un nouvel amphithéâtre à Québec.

À Montréal, la construction du Centre Bell a été payée par la brasserie Molson, propriétaire du Canadien. Mais les travaux à Québec nécessitaient des fonds publics. Autrement dit, l'argent était puisé dans les impôts que versent les travailleurs québécois au gouvernement.

Selon ceux qui s'opposaient à ce projet collectif, il était préférable d'investir l'argent dans les services publics comme les hôpitaux, l'éducation ou les routes. Mais la plupart des Québécois se disaient en accord avec le projet.

Le maire Labeaume a convaincu le premier ministre du Québec Jean Charest d'investir 200 millions de dollars, et il lui a promis que la Ville de Québec ferait de même. L'annonce en a été faite le 10 février 2011. Le maire Labeaume a été réélu.

Sa victoire livrait un message clair : les résidants de Québec souhaitaient plus que jamais la renaissance de la LNH dans leur ville.

Aujourd'hui, de presque partout à Québec, on aperçoit ce magnifique édifice construit dans le quartier Limoilou, à côté du vieux Colisée. Certains comparent sa forme à celle d'un vaisseau spatial.

Le nouvel amphithéâtre est multifonctionnel, c'est-à-dire qu'on peut y présenter différents types d'événements culturels, sportifs ou sociaux, par exemple des congrès politiques ou des spectacles du Cirque du Soleil.

Bref, Québec possède maintenant le bâtiment idéal pour les Nordiques et leurs partisans, considérés comme faisant partie des plus fidèles en Amérique du Nord.

Quelle autre ville peut se vanter d'avoir autant espéré le retour de son équipe de hockey ?

STATISTIQUES DES NORDIQUES

Dans l'Association mondiale de hockey (AMH)

Saison	PJ	V	D	N
1972-1973	78	33	40	5
1973-1974	78	38	36	4
1974-1975	78	46	32	0
1975-1976	81	50	27	4
1976-1977	81	47	31	3
1977-1978	80	40	37	3
1978-1979	80	41	34	5
Total	556	295	237	24

Dans la Ligue nationale de hockey (LNH)

Saison	PJ	V	D	N
1979-1980	80	25	44	11
1980-1981	80	30	32	18
1981-1982	80	33	31	16
1982-1983	80	34	34	12
1983-1984	80	42	28	10
1984-1985	80	41	30	9
1985-1986	80	43	31	6
1986-1987	80	31	39	10
1987-1988	80	32	43	5
1988-1989	80	27	46	7
1989-1990	80	12	61	7
1990-1991	80	16	50	14
1991-1992	80	20	48	12
1992-1993	84	47	27	10
1993-1994	84	34	42	8
1994-1995	48	30	13	5
Total	1256	497	599	160

PJ = parties jouées   V = victoires   D = défaites   N = parties nulles

BP	BC	Pts	%	Rang
276	313	71	.455	5e Est
306	280	80	.513	5e Est
331	299	92	.590	1er Canada
371	316	104	.642	2e Canada
353	295	97	.599	1er Est
349	347	83	.519	4e AMH
288	271	87	.544	2e AMH
2274	**2121**	**614**	**.552**	-

BP	BC	Pts	%	Rang
248	313	61	.381	5e Adams
314	318	78	.488	4e Adams
356	345	82	.513	4e Adams
343	336	80	.500	4e Adams
360	278	94	.588	3e Adams
323	275	91	.569	2e Adams
330	289	92	.575	1er Adams
267	276	72	.450	4e Adams
271	306	69	.431	5e Adams
269	342	61	.381	5e Adams
240	407	31	.194	5e Adams
236	354	46	.288	5e Adams
255	318	52	.325	5e Adams
351	300	104	.619	2e Adams
277	292	76	.452	5e Nord-Est
185	134	65	.677	1er Nord-Est
4625	**4883**	**1154**	**.459**	-

BP = buts pour   BC = buts contre   Pts = points   % = pourcentage

LES DIRIGEANTS DES NORDIQUES

Présidents
AMH :
Paul Racine (1972 à 1974)
John Dacres (1974 à 1978)
AMH et LNH :
Marcel Aubut (1978 à 1995)

Directeurs généraux
AMH :
Marius Fortier (1972 et 1973)
Jacques Plante (1973 et 1974)
AMH et LNH :
Maurice Filion (1974 à 1988, 1990)
LNH :
Martin Madden (1988 à 1990)
Pierre Pagé (1990 à 1994)
Pierre Lacroix (1994 et 1995)

Entraîneurs-chefs
AMH :
Maurice Richard (1972)
Maurice Filion (1972 et 1973, 1978)
Jacques Plante (1973 et 1974)
Jean-Guy Gendron (1974 à 1976)
Marc Boileau (1976 à 1978)
AMH et LNH :
Jacques Demers (1978 à 1980)

LNH:
Maurice Filion (1980)
Michel Bergeron (1980 à 1987, 1989 et 1990)
André Savard (1987)
Ron Lapointe (1987 et 1988)
Jean Perron (1988 et 1989)
Dave Chambers (1990 et 1991)
Pierre Pagé (1991 à 1994)
Marc Crawford (1994 et 1995)

Capitaines
AMH:
Jean-Claude Tremblay (1972 à 1975)
Michel Parizeau (1975 et 1976)
Marc Tardif (1976 à 1979)
LNH:
Robbie Ftorek (1979 à 1982)
André Dupont (1982 et 1983)
Mario Marois (1983 à 1985)
Peter Stastny (1985 à 1990)
Steven Finn (co-capitaine en 1990 et 1991)
Joe Sakic (co-capitaine en 1990 et 1991, capitaine de 1992 à 1995)
Mike Hough (co-capitaine en 1991, capitaine en 1991 et 1992)

CHRONOLOGIE

1972

Six hommes d'affaires de la région de Québec achètent une franchise de l'Association mondiale de hockey (AMH), qui vient concurrencer la Ligue nationale de hockey (LNH). La nouvelle équipe de Québec s'appelle les Nordiques. Elle recueille rapidement l'appui des amateurs de hockey et de la communauté d'affaires de la région.

1972

Le Canada bat l'Union soviétique de justesse lors de la Série du siècle, une série de huit rencontres opposant les meilleurs joueurs de hockey des deux pays.

À Munich, en Allemagne de l'Ouest, les Jeux olympiques d'été sont marqués par la prise en otage et l'assassinat d'athlètes israéliens par un groupe de terroristes palestiniens.

1976

La brasserie Carling-O'Keefe achète les Nordiques.

1976

Les yeux du monde entier sont tournés vers la ville de Montréal, qui est l'hôte des Jeux olympiques d'été.

Quelques mois plus tard, ces mêmes yeux sont à nouveau tournés vers le Québec, qui vient d'élire le Parti québécois de René Lévesque. Ce parti propose de faire du Québec un pays souverain.

1977

Les Nordiques remportent la coupe Avco, l'équivalent de la coupe Stanley dans l'AMH, en éliminant les Jets de Winnipeg.

1977

Le gouvernement de René Lévesque adopte la Charte de la langue française, aussi appelée loi 101, qui fait du français la seule langue officielle du Québec.

1979

Les Nordiques, les Jets de Winnipeg, les Oilers d'Edmonton et les Whalers de Hartford joignent les rangs de la LNH, mettant ainsi fin aux activités de l'AMH.

1979

Dix-sept personnes perdent la vie dans l'écrasement d'un avion de la compagnie Québecair, peu après son décollage de l'aéroport de Québec. Le président des Nordiques, Marcel Aubut, est passé à un cheveu d'être à bord de cet avion.

1980

Les frères Peter et Anton Stastny se joignent aux Nordiques à la suite de leur évasion périlleuse de Tchécoslovaquie, orchestrée par Marcel Aubut et Gilles Léger.

1980

Au premier référendum sur la souveraineté du Québec, le NON l'emporte avec 59,5 % des voix, contre 40,5 % pour le OUI.

Le patineur de vitesse Gaétan Boucher remporte une médaille d'argent aux Jeux olympiques d'hiver de Lake Placid aux États-Unis.

Une cinquantaine de pays, dont le Canada, boycottent les Jeux olympiques d'été, qui se tiennent à Moscou, pour protester contre l'invasion de l'Afghanistan par l'Union soviétique.

1982

Les Nordiques éliminent le Canadien de Montréal et les Bruins de Boston, avant de céder en demi-finale face aux Islanders de New York.

1982

Le Canada adopte sa nouvelle Loi constitutionnelle, mais le Québec refuse d'y adhérer, car il juge avoir été écarté des négociations.

1984

Le Vendredi saint, les Nordiques sont éliminés par le Canadien après une violente bagarre générale entre les deux clubs.

| 1984 | Le 450ᵉ anniversaire de la découverte du Canada par Jacques Cartier est célébré à Québec. |

1984   Le 450ᵉ anniversaire de la découverte du Canada
        par Jacques Cartier est célébré à Québec.

        Gaétan Boucher remporte deux médailles d'or
        et une médaille de bronze aux Jeux olympiques
        d'hiver à Sarajevo en Yougoslavie, tandis que la
        plongeuse Sylvie Bernier remporte l'or aux Jeux
        d'été, à Los Angeles.

1985   **Les Nordiques éliminent les Sabres de Buffalo
           et le Canadien, avant de s'incliner en demi-
           finale face aux Flyers de Philadelphie.**

1985   L'arrondissement historique du Vieux-Québec
        est inscrit à la Liste du patrimoine mondial de
        l'Organisation des Nations unies pour l'éducation,
        la science et la culture (UNESCO).

1987   **L'événement Rendez-vous 87 a lieu à Québec,
           et présente deux rencontres opposant les
           étoiles de la LNH à la formation de l'URSS.
           En séries, les Nordiques écartent les Whalers
           mais sont éliminés par le Canadien, qui profite
           du but refusé à Alain Côté lors du cinquième
           match.**

1987   La ville de Québec accueille le deuxième Sommet
        de la francophonie, un événement qui regroupe les
        chefs d'État et de gouvernement d'une quarantaine
        de pays ayant en commun la langue française.

1988   **La brasserie O'Keefe vend les Nordiques
           à un groupe d'entreprises québécoises ayant
           à sa tête Marcel Aubut.**

1988   La ville de Calgary, en Alberta, est l'hôte des Jeux
        olympiques d'hiver.

1988   *Aux Jeux d'été à Séoul, en Corée du Sud, le coureur canadien Ben Johnson remporte l'or à l'épreuve du 100 mètres, mais il est disqualifié deux jours plus tard pour s'être dopé aux stéroïdes anabolisants.*

1992   *Les Nordiques ne peuvent s'entendre avec Eric Lindros et l'échangent aux Flyers en retour de Ron Hextall, Kerry Huffman, Steve Duchesne, Peter Forsberg, Mike Ricci, Chris Simon, les choix de premier tour des Flyers en 1993 et en 1994, et une somme d'argent.*

1992   *L'accord de Charlottetown, qui prévoit l'adhésion du Québec à la Loi constitutionnelle de 1982, est rejeté par voie de référendum par une majorité de Canadiens et de Québécois.*

Aux Jeux olympiques d'été à Barcelone, en Espagne, Sylvie Fréchette termine deuxième à la nage synchronisée en raison d'une erreur de la juge brésilienne ; sa médaille d'argent est transformée en médaille d'or l'année suivante.

1995   *Les Nordiques sont vendus au groupe américain Comsat Video. L'équipe déménage à Denver au Colorado et devient l'Avalanche. Le 14 mai, Les Nordiques ont joué leur dernière partie locale, une victoire de 4 à 2 contre les Rangers dans les séries. Le 16 mai, au Madison Square Garden de New York, ils ont joué la dernière partie de leur existence, une défaite de 4 à 2.*

1995   *La Ville de Québec échoue dans sa tentative d'accueillir les Jeux olympiques d'hiver de 2002, qui sont accordés à la ville de Salt Lake City aux États-Unis.*

Au deuxième référendum sur la souveraineté du Québec, le NON l'emporte de justesse, avec 50,5 % des voix contre 49,5 % pour le OUI.

BIBLIOGRAPHIE

Benoît Clairoux. *Les Nordiques de Québec : toute l'histoire de 1972 à 1995*, Montréal, Éditions de l'Homme, 2001.

Marius Fortier, avec la collaboration de Claude Larochelle. *Les Nordiques et le circuit maudit*, Sainte-Foy, Lotographie Inc., 1978.

Claude Larochelle. *Les Nordiques, 10 ans de suspense*, New York, Éditions France-Amérique, 1982.

Robert Laflamme. *Les Stastny, le coup de génie de Gilles Léger*, Montréal, Éditions Hutubise, 2012.

SITE INTERNET

Les lecteurs qui désirent en savoir davantage sur les Nordiques sont invités à visiter le site créé par Benoît Clairoux : histoirenordiques.ca

LE MOT DE LA FIN

Maurice, Jean-Paul, Pierre-Olivier ainsi que ses amis, sont tous des personnages que j'ai créés pour vous raconter l'histoire des Nordiques. Personnellement, j'ai vécu de près cette belle histoire. Les discussions de ces personnages ont servi de lien et de mise en scène pour lui redonner vie.

Grâce au Journal de Québec, j'ai eu le privilège d'assurer la couverture des Nordiques durant leurs 16 saisons dans la LNH. J'ai eu la chance unique de suivre les activités de cette équipe qui a fait beaucoup parler d'elle.

J'assistais à toutes les parties locales et à la moitié de celles disputées à l'étranger, sans oublier les éliminatoires, en compagnie de mon loyal partenaire et collègue journaliste, Claude Cadorette. Son fils, Stéphane, marche aujourd'hui dans les traces de son père. S'il démontre un vif intérêt pour la Ligue nationale de football, il aime également le hockey professionnel.

J'ai côtoyé de grands joueurs de hockey et des gens extraordinaires évoluant au sein de cette organisation qui rivalisait âprement avec le Canadien de Montréal.

Ce livre est dédié aux nouvelles générations d'amateurs de hockey qui n'ont pas connu les Nordiques de 1972 à 1995, soit l'épopée de l'AMH et l'aventure de la LNH. Je leur souhaite de vivre la renaissance des Fleurdelisés et de leur puissante rivalité avec le Canadien.

Qu'ils se rappellent, surtout, que le hockey restera toujours un jeu.

Albert Ladouceur

REMERCIEMENTS

Des remerciements tout spéciaux aux frères Morazé : Adam, 12 ans, et Édouard, 9 ans, ainsi qu'à Simon Rancourt, 9 ans. Ils ont contribué à la rédaction de ce livre en me questionnant sur la signification des mots et sur l'histoire de cette équipe qu'ils ont appris à découvrir au fil des pages.

LES COLLABORATEURS

Lorsqu'il était petit, **Albert Ladouceur** regardait les parties du Canadien en noir et blanc à la télévision. À cette époque, elles n'étaient diffusées qu'à compter de la deuxième période. Il rêvait de voir les matchs en entier, sur un écran immense, en couleurs... Ce rêve, il l'a réalisé mille fois depuis ce temps. Albert est devenu journaliste sportif et chroniqueur de hockey pour le journal *Montréal-Matin*, puis pour le *Journal de Québec*. Son métier, qui est aussi sa passion, lui a permis de côtoyer de près les Nordiques et le Canadien. Outre le hockey, Albert adore lire, voyager, faire du ski alpin et rouler en moto.

Historien de formation et partisan inconditionnel des Nordiques durant sa jeunesse, **Benoît Clairoux** a conservé précieusement son manteau des Fleurdelisés, acheté non pas à la boutique du Colisée, mais bien à celle du Forum ! En 2001, il a publié aux Éditions de l'Homme un ouvrage de référence complet sur le club. Il a aussi créé un site Web dédié aux Nordiques.

Tout petit, **Simon Dupuis** rêvait déjà d'aventure : il se voyait astronaute, archéologue ou agent secret. Le dessin lui permettait d'accéder à ses rêves. Aujourd'hui, à l'âge adulte, Simon est devenu illustrateur. Son métier lui permet d'être encore souvent dans la lune. Simon dessine pour raconter des histoires écrites par des écrivains et des réalisateurs. Il a aussi dessiné toute une campagne promotionnelle pour le réseau RDS ayant pour thème le monde des super-athlètes ! Les soirs de pleine lune, si on scrute le ciel, on peut apercevoir la silhouette d'un homme assis à sa table à dessin : c'est Simon à l'œuvre !

TABLE DES MATIÈRES

DANS LA MÊME COLLECTION

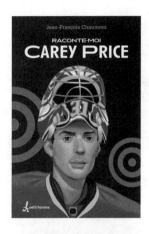

Jean-François Chaumont

RACONTE-MOI
CAREY PRICE

petit homme

Patrick Delisle-Crevier

RACONTE-MOI
MARIE-MAI

petit homme

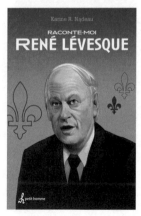

Karine R. Nadeau

RACONTE-MOI
RENÉ LÉVESQUE

petit homme

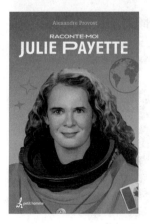

Alexandre Provost

RACONTE-MOI
JULIE PAYETTE

petit homme

DANS LA MÊME COLLECTION

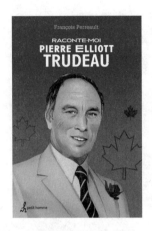

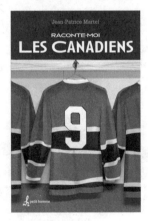

Suivez-nous sur le Web

Consultez nos sites Internet et inscrivez-vous à l'infolettre pour rester informé en tout temps de nos publications et de nos concours en ligne. Et croisez aussi vos auteurs préférés et notre équipe sur nos blogues !

EDITIONS-PETITHOMME.COM
EDITIONS-HOMME.COM
EDITIONS-JOUR.COM
EDITIONS-LAGRIFFE.COM